财经大类专业基础课精品系列

基础会计实务

主　编　段明月　陈升翠
副主编　李源源　王　颖
　　　　王鸿海　张云星
参　编　郑晓敏

北京理工大学出版社
BEIJING INSTITUTE OF TECHNOLOGY PRESS

版权专有 侵权必究

图书在版编目（CIP）数据

基础会计实务 / 段明月，陈升翠主编. --北京：北京理工大学出版社，2022.7
ISBN 978-7-5763-1433-5

Ⅰ. ①基… Ⅱ. ①段… ②陈… Ⅲ. ①会计实务 Ⅳ. ①F233

中国版本图书馆 CIP 数据核字（2022）第 110483 号

出版发行 /	北京理工大学出版社有限责任公司
社　　址 /	北京市海淀区中关村南大街 5 号
邮　　编 /	100081
电　　话 /	（010）68914775（总编室）
	（010）82562903（教材售后服务热线）
	（010）68944723（其他图书服务热线）
网　　址 /	http://www.bitpress.com.cn
经　　销 /	全国各地新华书店
印　　刷 /	三河市天利华印刷装订有限公司
开　　本 /	787 毫米×1092 毫米　1/16
印　　张 /	11.75
字　　数 /	263 千字
版　　次 /	2022 年 7 月第 1 版　2022 年 7 月第 1 次印刷
定　　价 /	35.00 元

责任编辑 / 王俊洁
文案编辑 / 王俊洁
责任校对 / 刘亚男
责任印制 / 施胜娟

图书出现印装质量问题，请拨打售后服务热线，本社负责调换

前 言

会计工作是一项对技术规范要求较高的工作，要求学生在掌握基础理论知识的同时，还要学会分析、处理各种经济业务的操作技能。本书立足于加强学生的会计操作技能，使学生通过对相关会计业务的训练，掌握基本的会计技能，培养真正符合高等职业教育目标的技能型、应用型人才。

本书是《基础会计》的配套实训用书，内容精简适用，能让初学者快速掌握账务处理方法，主要包括会计基本技能操作、常见原始票据填写、资金筹集业务、供应过程、生产过程、销售过程、财务成果的形成和分配、报表编制等内容。全书以一个工业企业的经济业务为素材，根据现行《企业会计准则》和《中华人民共和国企业所得税法》的要求编写而成。要求学生在一个仿真的实验环境下，模拟完成企业从建账、登账、结账到报表编制及分析的完整会计工作，通过完成这一系列的会计核算操作过程，使学生进一步理解会计核算的方法和程序，完成从理论到实践的转变。熟悉企业的会计工作流程和操作方法，按照会计岗位职责处理相关的业务，达到上岗的目的。

本书编写组成员由学校实践经验丰富的学科带头人和企业专家组成，各位编者在编写过程中付出了辛勤的劳动，但鉴于水平所限，书中难免存在疏漏之处，敬请读者和会计界同仁批评指正，并及时反馈给我们，以便修订时进一步完善。

编　者

目 录

项目一　会计基本技能操作 …………………………………………………………… 1
　　一、实训目标 …………………………………………………………………… 1
　　二、知识点回顾 ………………………………………………………………… 1
　　三、典型业务示例 ……………………………………………………………… 3
　　四、实务操作 …………………………………………………………………… 3

项目二　常见原始票据填写 …………………………………………………………… 6
　　一、实训目标 …………………………………………………………………… 6
　　二、知识点回顾 ………………………………………………………………… 6
　　三、典型业务示例 ……………………………………………………………… 30
　　四、实务操作 …………………………………………………………………… 32
　　五、模拟企业相关资料 ………………………………………………………… 35

项目三　资金筹集业务 ………………………………………………………………… 37
　　一、实训目标 …………………………………………………………………… 37
　　二、知识点回顾 ………………………………………………………………… 37
　　三、典型业务示例 ……………………………………………………………… 38
　　四、实务操作 …………………………………………………………………… 42

项目四　供应过程 ……………………………………………………………………… 57
　　一、实训目标 …………………………………………………………………… 57
　　二、知识点回顾 ………………………………………………………………… 57
　　三、典型业务示例 ……………………………………………………………… 58
　　四、实务操作 …………………………………………………………………… 61

项目五　生产过程 ……………………………………………………………………… 97
　　一、实训目标 …………………………………………………………………… 97
　　二、知识点回顾 ………………………………………………………………… 97
　　三、典型业务示例 ……………………………………………………………… 98
　　四、实务操作 …………………………………………………………………… 100

1

项目六　销售过程 ······ 123
　　一、实训目标 ······ 123
　　二、知识点回顾 ······ 123
　　三、典型业务示例 ······ 126
　　四、实务操作 ······ 133

项目七　财务成果的形成和分配 ······ 157
　　一、实训目标 ······ 157
　　二、知识点回顾 ······ 157
　　三、典型业务示例 ······ 160
　　四、实务操作 ······ 165

项目八　报表编制 ······ 169
　　一、实训目标 ······ 169
　　二、知识点回顾 ······ 169
　　三、典型业务示例 ······ 171
　　四、实务操作 ······ 173
　　附件1：T型账 ······ 173
　　附件2：试算平衡表 ······ 175
　　附件3：资产负债表 ······ 177
　　附件4：利润表 ······ 179

参考文献 ······ 181

项目一

会计基本技能操作

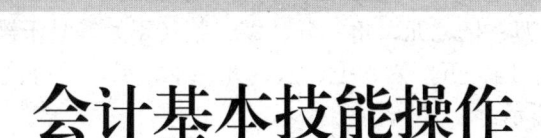

一、实训目标

通过本实训项目,使学生了解会计基本书写规范。掌握阿拉伯数字和汉字大写数字的书写要求。掌握财务工作中大小写金额的书写规范。

二、知识点回顾

(一)阿拉伯数字的书写

(1)阿拉伯数字应一个一个地写,阿拉伯金额数字前应当书写货币币种符号(如人民币符号"¥")或者货币名称简写和币种符号。币种符号与阿拉伯金额数字之间不得留有空白,凡在阿拉伯金额数字前面写有币种符号的,数字后面不再写货币单位(如人民币"元")。

(2)所有以元为单位(其他货币种类为货币基本单位,下同)的阿拉伯数字,除表示单价等情况外,一律在元位小数点后填写到角分,无角分的,角、分位可写"00"或符号"——",有角无分的,分位应写"0",不得用符号"——"代替。

(3)对于易混淆且笔顺相近的数字,尽可能地按照标准字体书写,区分笔顺,避免混同,以防涂改,对以下数字书写时应特别注意。

① 数字清晰工整,不要连笔;6、8、9、0尽量写得圆润一点。

② 尽量保持所有数字都向右倾斜45度左右。

③ 数字高度应为账簿表格高度的二分之一,不超过三分之二栏为宜。其中6要比其他数字高一些,但一般不超出表格;7和9比其他数字稍低些,下半部分占据下一行的上半格三分之一左右。

(4)写0、8、9时不能有缺口,圈的部分要封死;4的两竖要斜着平行,不可以连着;写2的时候,不能写成类似"Z"的样子,要在下方转折那里绕一个圈。如图1-1所示。

图1-1 阿拉伯数字书写示例

（二）汉字大写数字的书写

（1）汉字大写金额数字，一律用正楷或行书书写，如壹、贰、叁、肆、伍、陆、柒、捌、玖、拾、佰、仟、万、亿、元、角、分、零、整（正）等易于辨认、不易涂改的字样，不得用0、一、二、三、四、五、六、七、八、九、十、另、毛等简化字代替，不得任意自造简化字。如图1-2所示。

图1-2 汉字大写数字书写示例

（2）大写金额数字到元或角为止的，在"元"或"角"之后应写"整"或"正"字；大写金额数字有分的，分字后面不写"整"字。

（3）大写金额数字前未印有货币名称的，应当加填货币名称（如"人民币"三字），货币名称与金额数字之间不得留有空白。

（4）阿拉伯金额数字中间有"0"时，大写金额要写"零"字，如人民币101.50元，汉字大写金额应写成壹佰零壹元伍角整。阿拉伯金额数字中间连续有几个"0"时，汉字大写金额中可以只写一个"零"字。

如￥1 004.56元，汉字大写金额应写成壹仟零肆元伍角陆分。阿拉伯金额数字元位为"0"，或数字中间连续有几个"0"，元位也是"0"，但角位不是"0"时，汉字大写金额可只写一个"零"字，也可不写"零"字。如图1-3所示。

◆印有数位线（金额线）的数码字书写

图1-3 数码金额的书写

（三）日期的书写

（1）出票日期（大写）：数字必须大写，大写数字写法：零、壹、贰、叁、肆、伍、陆、柒、捌、玖、拾。

（2）壹月贰月前零字必写，叁月至玖月前零字可写可不写。拾月至拾贰月必须写成壹拾月、壹拾壹月、壹拾贰月（前面多写了"零"字也认可，如零壹拾月）。

（3）壹日至玖日前零字必写，拾日至拾玖日必须写成壹拾日及壹拾玖日（前面多写了"零"字也认可，如零壹拾伍日，下同）。

三、典型业务示例

典型业务示例如图1-4所示。

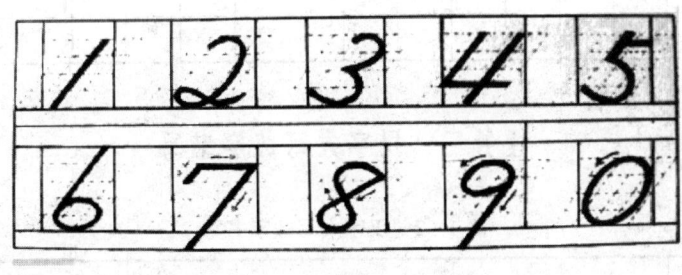

图1-4 典型业务示例

小写金额：¥160 000.00　　大写金额：人民币壹拾陆万元整
小写金额：¥568 740.58　　大写金额：人民币伍拾陆万捌仟柒佰肆拾元伍角捌分
小写金额：¥800 004.50　　大写金额：人民币捌拾万零肆元伍角整

四、实务操作

实务操作如表1-1～表1-4所示。

任务一　阿拉伯数字书写

表 1-1　阿拉伯数字书写

0													
1													
2													
3													
4													
5													
6													
7													
8													
9													

任务二　汉字大写数字书写

表 1-2　汉字大写数字书写

壹									
贰									
叁									
肆									
伍									
陆									
柒									
捌									
玖									
拾									
零									
拾									
佰									
仟									
万									
亿									
整									

任务三 大小写金额书写

1. 大写金额改写成小写金额

表1-3 大写金额改写成小写金额

大写金额	小写金额
人民币叁万壹仟贰佰伍拾肆元零柒分	
人民币贰拾万元柒角整	
人民币肆拾壹万零伍拾元零壹分	
人民币捌佰肆拾陆元整	
人民币伍仟贰佰陆拾元柒角整	
人民币叁佰柒拾捌元整	
人民币壹佰捌拾肆万柒角贰分	

2. 小写金额改写成大写金额

表1-4 小写金额改写成大写金额

小写金额	大写金额
¥122 454.32	
¥9 640 300.80	
¥365.00	
¥70 624 000.07	
¥12 360.15	
¥370 004.05	
¥160 780.60	
¥798 963.00	

项目二

常见原始票据填写

一、实训目标

通过本实训项目，使学生了解原始凭证的填制要求，熟练填写企业常见的原始票据。

二、知识点回顾

（一）原始凭证填制的基本要求

1. 记录的真实性

原始凭证所填列的经济业务内容和数字，必须真实可靠，符合实际情况。具体到凭证上填写的经济业务发生日期、经济业务内容、涉及产品数量、金额等项目，都不得弄虚作假。必须严格保证原始凭证记录的真实性和准确性，才能做到会计信息的客观可靠。

2. 内容的完整性

原始凭证所要求填列的项目必须逐项填列齐全，不得遗漏和省略。

3. 手续的完备性

一张合理的原始凭证，不仅要保证所填写内容的完整性，还要保证相关填制手续的完备性，例如，单位自制的原始凭证必须有经办单位领导人或者其他指定人员签字盖章；对外开出的原始凭证必须加盖本单位公章；从外部取得的原始凭证，必须盖有填制单位的公章；从个人处取得的原始凭证，必须有填制人员的签字盖章。

另外，除了原始凭证本身手续完备，还要保证凭证的其他附件及相关手续完备。例如，购买实物的原始凭证，必须有验收证明；一式几联的多联原始凭证，应当注明各联的用途，只能以一联作为报销凭证；发生销货退回时，除填制退货发票外，还必须有退货验收证明。

（二）书写的规范性

1. 使用文字要求

不得使用未经国务院公布的简化汉字。

2. 金额书写要求

大小写金额数字要按规定的要求填写。具体来说，阿拉伯数字要逐个填写，不得连写；

金额前面要冠以人民币符号"¥",若是用外币结算的凭证,数字前必须填写外币符号,且数字与货币符号之间不得留空位;元以后要写到角分,无角分的要以"0"补位;凡阿拉伯数字前写有币种符号的,数字后面不再写货币单位等。

3. 编号要求

原始凭证要根据填制先后依次进行编号,并且编号务必连续,如果原始凭证已预先印定编号,在写坏作废时,应加盖"作废戳记",妥善保管,不得撕毁。

4. 错误更正要求

原始凭证有错误的,不得对原始凭证进行任意涂改、刮擦、挖补,应当由出具单位重开或更正,更正处应当加盖出具单位印章。原始凭证金额有错误的,应当由出具单位重开,不得在原始凭证上更正。

5. 书写用墨颜色要求

墨水只能使用蓝、黑墨水填写,一式几联的发票和收据,必须使用双面复写纸套写,套写时可以使用圆珠笔填写。

(三)常见原始票据的介绍

1. 支票

1) 支票的介绍

支票是出票人签发的,委托办理支票存款业务的银行在见票时无条件支付确定金额给收款人或者持票人的票据。支票由银行统一印制,支票有现金支票、转账支票和普通支票三种。支票上印有"现金"字样的为现金支票,现金支票只能用于支取现金。支票上印有"转账"字样的为转账支票,转账支票只能用于转账。支票上未印有"现金"或"转账"字样的为普通支票,普通支票可以用于支取现金,也可以用于转账。单位和个人在同一票据交换区域的各种款项结算,均可以使用支票。

签发支票的金额不得超过付款时在付款人处实有的存款金额,禁止签发空头支票。支票的出票人预留银行签章是银行审核支票付款的依据,银行也可以与出票人约定使用支付密码,作为银行审核支付支票金额的条件。

签发现金支票必须符合国家现金管理的规定。支票的提示付款期限自出票日起10日。

2) 支票的规范示例(见图2-1)

图2-1 转账支票规范示例

3）支票的填制说明（以现金支票为例）

（1）现金支票正面如图2-2所示。

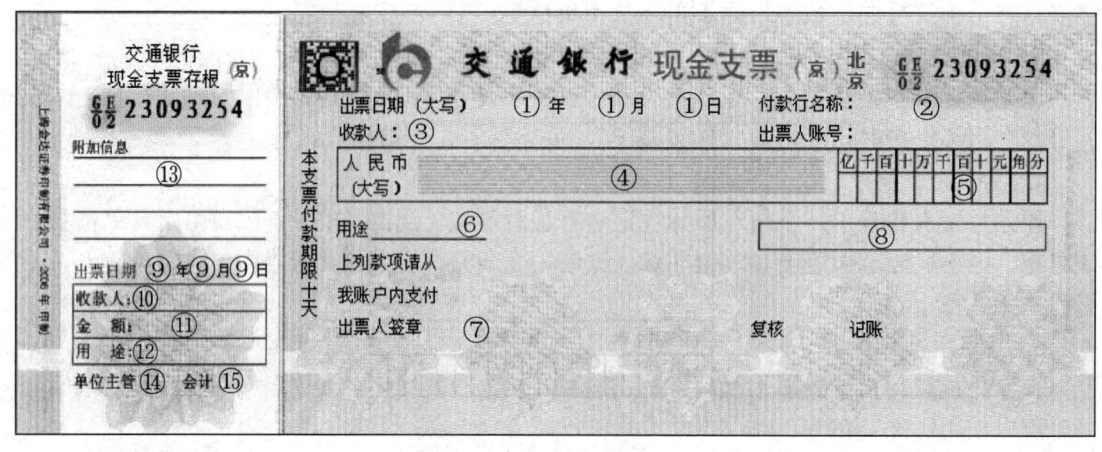

图2-2 现金支票正面

① 填写出票日期，出票日期必须使用中文大写，不得更改。月为壹、贰和壹拾的，应在其前加"零"。日为壹至玖和壹拾、贰拾和叁拾的，应在其前加"零"；日为拾壹至拾玖的，应在其前加"壹"；

② 填写付款行名称和出票人账号，即出票人的开户银行名称及存款账户的账号；

③ 填写收款人全称，不得更改；

④ 填写人民币大写金额，不得更改，大写金额数字应紧接"人民币"字样填写，不得留有空白；

⑤ 填写小写金额，不得更改，大小写必须一致，前面加人民币符号"¥"；

⑥ 填写款项的用途，必须符合国家现金管理的规定；

⑦ 出票人签章，即出票人预留银行的签章；

⑧ 需要使用支付密码时，填写16位支付密码；

⑨ 存根联的出票日期，与正联一致，可用小写；

⑩ 存根联的收款人，与正联一致；

⑪ 存根联的金额，与正联一致，可用小写；

⑫ 存根联的用途，与正联一致；

⑬ 需要时填写附加信息，如预算单位办理支付结算业务填写"附加信息代码"，与背面一致；

⑭ 单位主管审批签章；

⑮ 会计人员签章。

（2）现金支票背面如图2-3所示。

① 收款人签章，若收款人为本公司，则加盖预留银行的签章，若收款人为个人，则为个人的签名或盖章；

② 填写提示付款日期；

③ 若收款人为个人，需填写提交的身份证件名称；

8

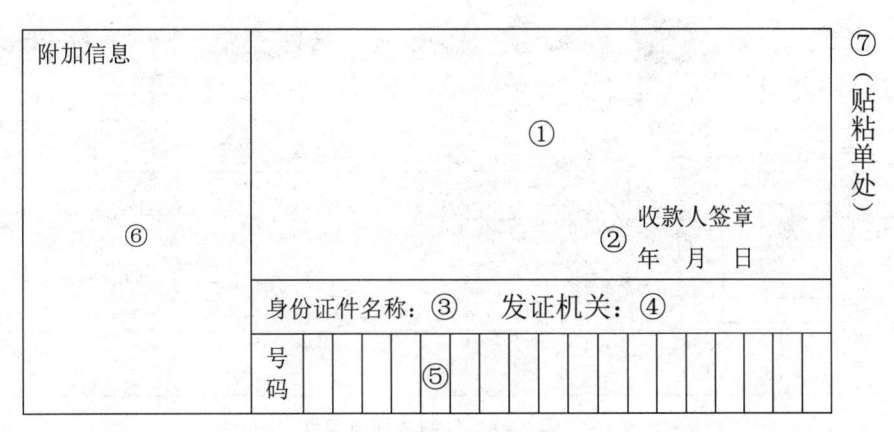

图 2-3　现金支票背面

④ 若收款人为个人，需填写提交的身份证件的发证机关；

⑤ 若收款人为个人，需填写身份证件号码；

⑥ 附加信息，如预算单位办理支付结算业务填写"附加信息代码"，非必要记载事项；

⑦ 票据凭证不能满足背书人记载事项的需要，可以加附粘单，粘附于票据凭证上。粘单上的第一记载人，应当在汇票和粘单的粘接处签章。

4) 实训练习

（1）2021 年 01 月 01 日，云南大都机械有限公司（开户行及账号：中国工商银行北京路支行，2502054173275417368）开出 12 000.00 元的现金支票一张，从银行提取现金以备零用，请填写现金支票。支付密码：5872662510711666。如图 2-4 所示。

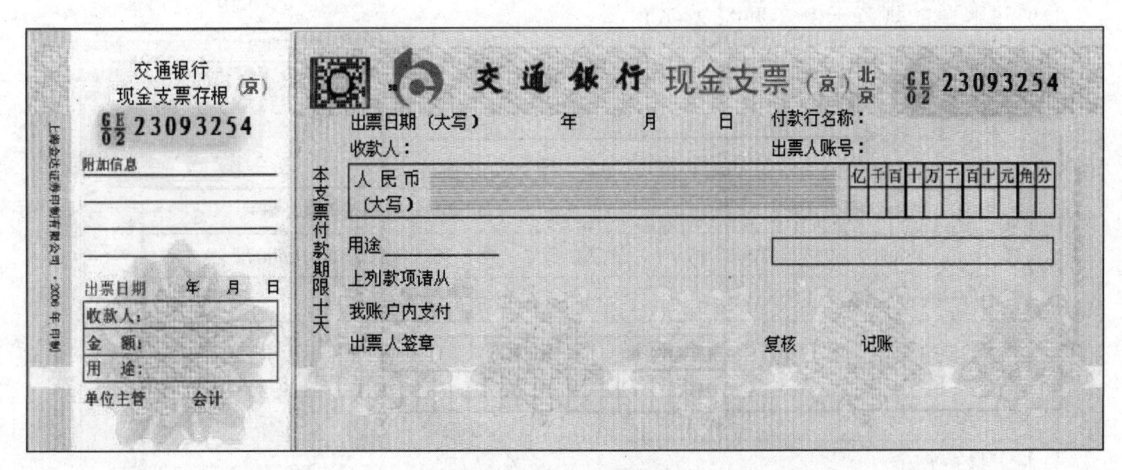

图 2-4　现金支票练习 1

（2）2021 年 04 月 13 日，云南大都机械有限公司向广州世博有限公司采购原材料一批，以银行存款支付，签发转账支票一张，金额 105 005.8 元。支付密码：587266251062875。如图 2-5 所示。

购买方开户行：工商银行白云路支行，账号：2502054173275417368。

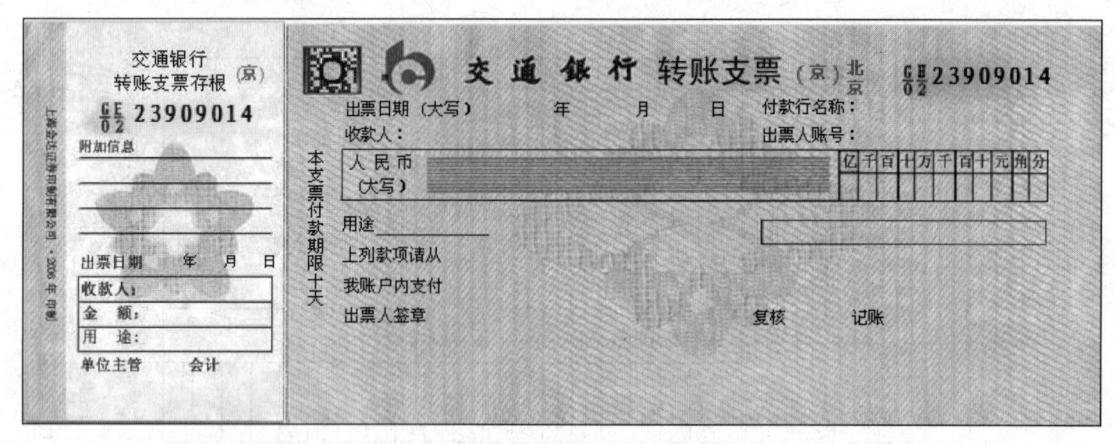

图 2-5 转账支票练习 2

2. 进账单

1）进账单的介绍

进账单是持票人或收款人将票据款项存入收款人在银行账户的凭证，也是银行将票据款项记入收款人账户的凭证。

持票人填写银行进账单时，必须清楚地填写票据种类、票据张数、收款人名称、收款人开户银行及账号、付款人名称、付款人开户银行及账号、票据金额等栏目，并连同相关票据一并交给银行经办人员。进账单与支票配套使用，可以一张支票填制一份进账单，也可以多张支票（不超过四笔）汇总金额后填制一份进账单，即允许办理一收多付（一贷多借）。

进账单一式三联：第一联回单联交给持票人，作为受理票据的依据；第二联银行作借方凭证；第三联作收款通知交给收款人。

2）进账单的规范示例（见图 2-6）

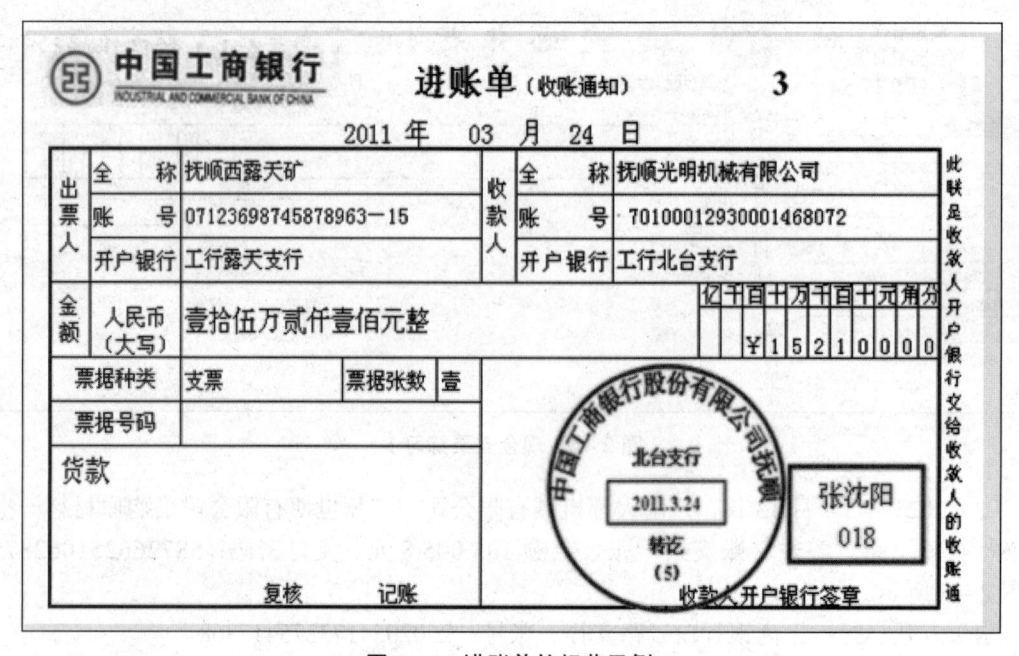

图 2-6 进账单的规范示例

3）进账单的填制说明（见图 2－7）

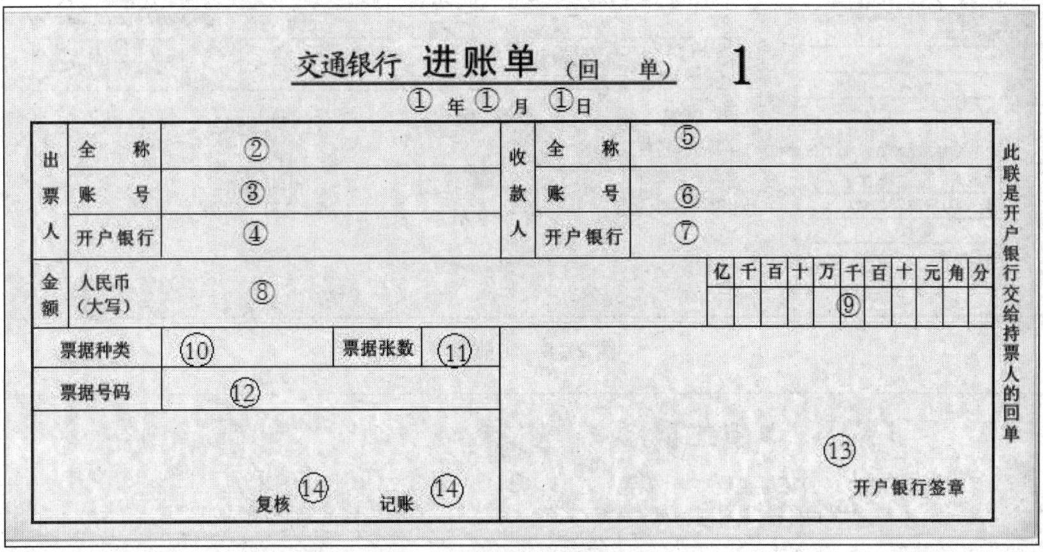
交通银行 进账单（回 单） 1

① 年 ① 月 ① 日

出票人	全 称	②	收款人	全 称	⑤
	账 号	③		账 号	⑥
	开户银行	④		开户银行	⑦
金额	人民币（大写）	⑧		亿 千 百 十 万 千 百 十 元 角 分	⑨
票据种类	⑩	票据张数	⑪		
票据号码	⑫				
复核 ⑭	记账 ⑭			⑬ 开户银行签章	

此联是开户银行交给持票人的回单

图 2－7 进账单的填制说明

① 填写办理业务的日期；

② 填写付款人的全称，与票据内容一致；

③ 填写付款人的账号，与票据内容一致；

④ 填写付款人开户银行的信息，与票据内容一致；

⑤ 填写收款人全称，与票据内容一致；

⑥ 填写收款人的账号，与票据内容一致；

⑦ 填写收款人开户银行的信息，与票据内容一致；

⑧ 填写人民币大写金额，不得更改；

⑨ 填写小写金额，不得更改，大小写必须一致，前面加人民币符号“¥”；

⑩ 填写票据的种类，如转账支票、银行汇票等；

⑪ 填写提交的票据的张数；

⑫ 填写提交的票据的号码；

⑬ 银行受理后加盖相关印章；

⑭ 相关经办人员的签章。

4）实训练习

北京化工厂开户行：交通银行北京分行，账号：0200001009021213688888。

广州白云家具有限公司开户行：工商银行广州分行，账号：4602001107777。

北京化工有限公司开户行：中国建设银行海淀支行，账号：6104873658743582222。

广州华兴机械有限公司开户行：中国招商银行广州分行，账号：875632789254。

彩云纺织厂开户行：中国工商银行昆明分行，账号：0200001009021213699999。

根据以下转账支票（见图 2－8～图 2－10）填写进账单（见图 2－11～图 2－13）。

图 2-8 转账支票

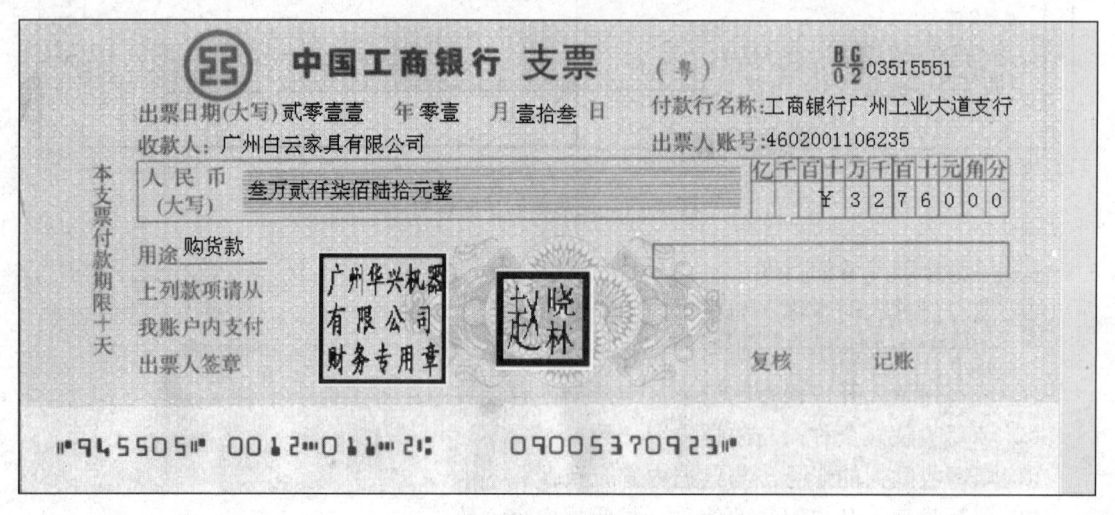

图 2-9 转账支票

图 2-10 转账支票

交通银行 **进账单** （回　单）　**1**

年　月　日

出票人	全　称		收款人	全　称	
	账　号			账　号	
	开户银行			开户银行	
金额	人民币（大写）				亿 千 百 十 万 千 百 十 元 角 分
票据种类		票据张数			
票据号码					
复核　记账				开户银行签章	

此联是开户银行交给持票人的回单

图 2-11　进账单练习 1

交通银行 **进账单** （回　单）　**1**

年　月　日

出票人	全　称		收款人	全　称	
	账　号			账　号	
	开户银行			开户银行	
金额	人民币（大写）				亿 千 百 十 万 千 百 十 元 角 分
票据种类		票据张数			
票据号码					
复核　记账				开户银行签章	

此联是开户银行交给持票人的回单

图 2-12　进账单练习 2

图 2-13　进账单练习 3

3. 结算业务申请书

1) 结算业务申请书的介绍

结算业务申请书就是到银行办理结算业务时所填的书面申请，银行结算业务即转账结算业务，简称结算，也叫支付结算，是以信用收付代替现金收付的业务。支付结算是单位、个人在社会经济活动中使用票据、信用卡和汇兑、托收承付、委托收款等结算方式进行货币给付及资金清算的行为。银行是支付结算和资金清算的中介机构。目前的结算办法主要有银行汇票、商业汇票、银行本票、支票、汇兑、委托收款和异地托收承付以及信用卡等方式。结算业务申请书一式三联：第一联银行作记账凭证；第二联收款银行作记账凭证；第三联银行盖好印章退给付款人作回单。

2) 结算业务申请书的规范示例（见图 2-14）

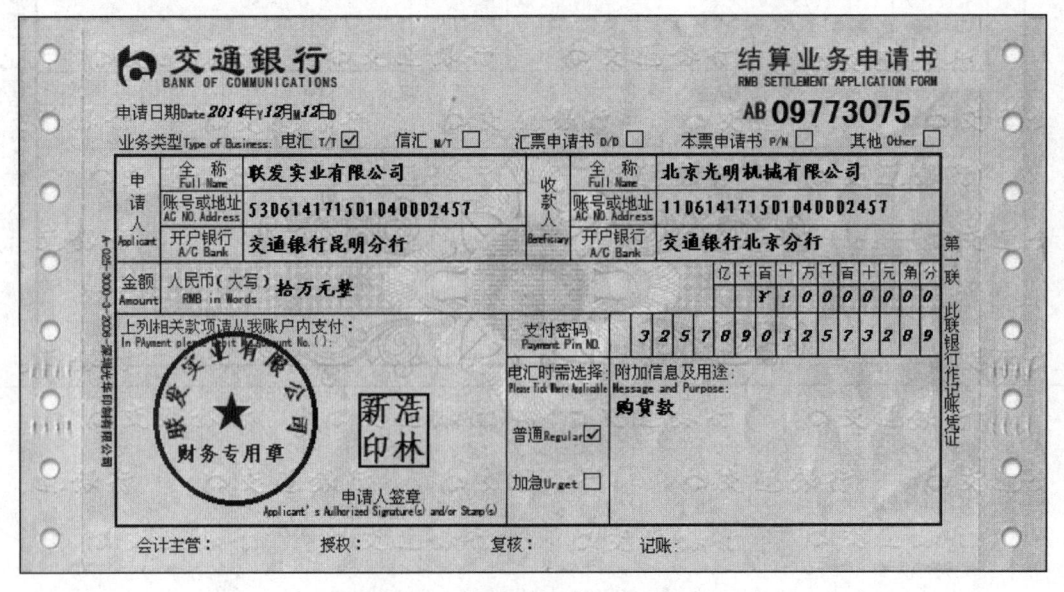

图 2-14　结算业务申请书的规范示例

3）结算业务申请书的填制说明（以电汇为例）（见图 2-15）

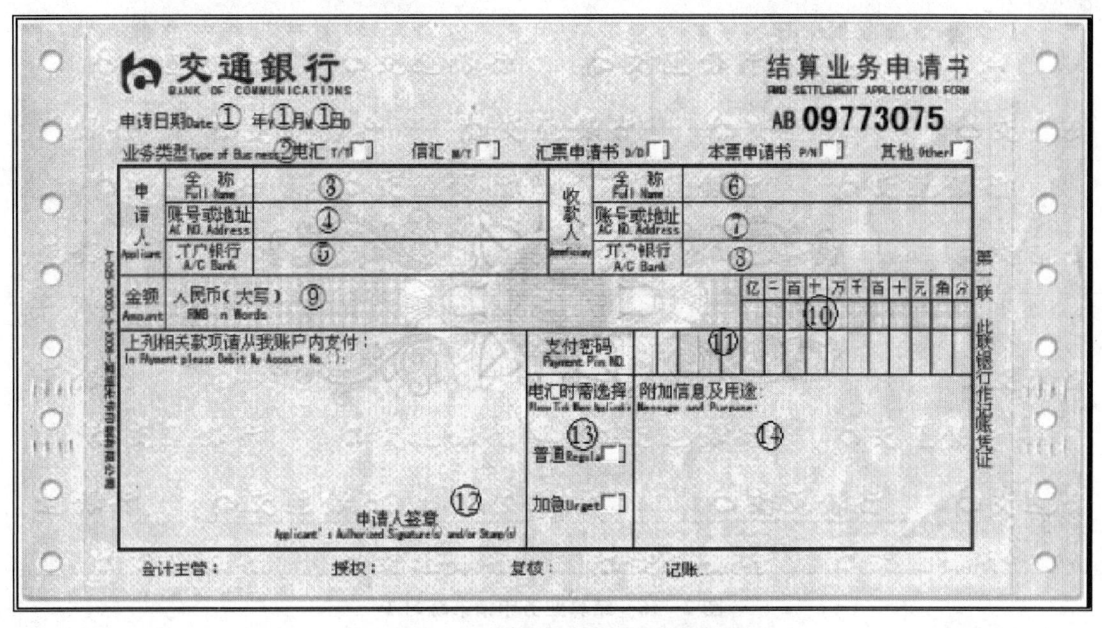

图 2-15　结算业务申请书的填制说明

① 填写去银行办理业务的日期；
② 根据需要选择业务类型，如电汇、信汇、汇票、本票；
③ 填写业务申请人的全称；
④ 填写申请人的银行账号，若付款人是个人，则填写地址；
⑤ 填写申请人开户银行；
⑥ 填写收款人全称；
⑦ 填写收款人的银行账号，若收款人是个人，则填写地址；
⑧ 填写收款人开户银行名称；
⑨ 填写人民币大写金额，数字应紧接"人民币"字样填写，不得留有空白；
⑩ 填写小写金额，大小写必须一致，前面加人民币符号"¥"；
⑪ 办理业务提交银行时，填写申请付款人银行支付密码，若没办理支付密码，可不填写；
⑫ 申请人盖预留印鉴；
⑬ 办理电汇业务时，选择普通或加急（加急的速度快，但要加收手续费）；
⑭ 注明汇款用途，可不填写。

4）实训练习

（1）2021 年 01 月 06 日，云南鑫圣机械有限公司（开户行及账号：交通银行昆明分行，20170760948701032222）采购商品一批，以电汇方式结算，金额 508 542.10 元。请填写银行电汇凭证（见图 2-16）。支付密码：5872162510622685。（销货方信息：江西森达贸易有限公司，开户行：交通银行上海南昌支行，账号：20170760904870809 1012）

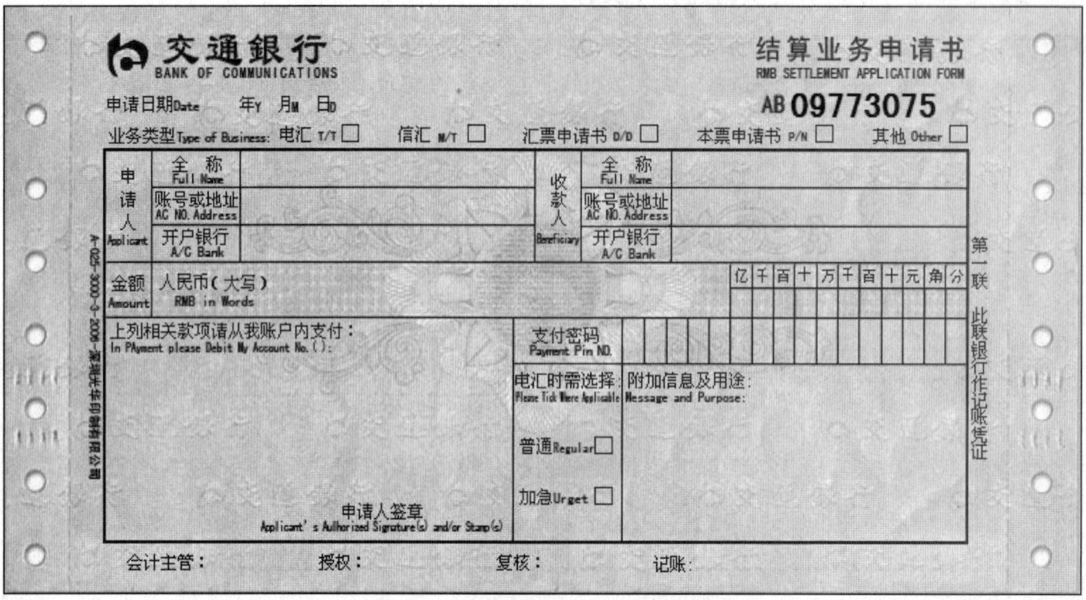

图 2-16 结算业务申请书练习 1

(2) 2021 年 10 月 20 日，昆明圣金机械有限公司（开户行及账号：交通银行昆明分行，120607609048708091111）采购原材料一批，以信汇方式结算，金额 40 000.00 元。请填写银行信汇凭证（见图 2-17）。支付密码：5474217751600009。（销货方信息：广州信和机械有限公司，开户行：交通银行广州分行，账号：120607609048708091066）

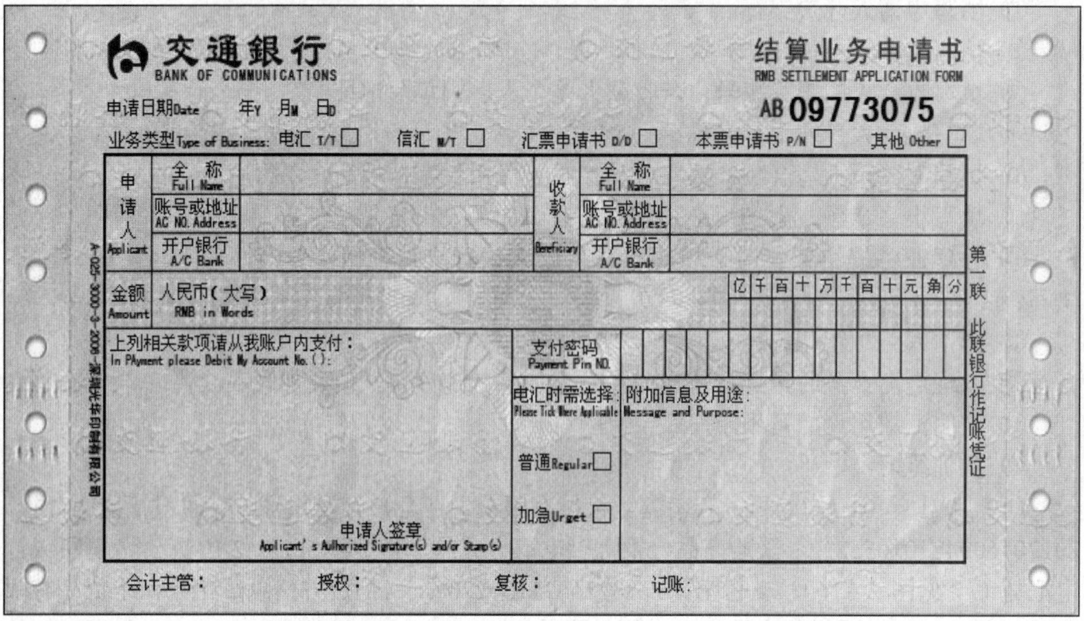

图 2-17 结算业务申请书练习 2

4. 银行承兑汇票

1）银行承兑汇票的介绍

银行承兑汇票是商业汇票的一种，是由在承兑银行开立存款账户的存款人出票，向开户银行申请并经银行审查同意承兑的，保证在指定日期无条件支付确定金额给收款人或持票人的票据。对出票人签发的商业汇票进行承兑是银行基于对出票人资信的认可而给予的信用支持。

银行承兑汇票按票面金额向承兑申请人收取万分之五的手续费，不足 10 元的按 10 元计。承兑期限最长不超过 6 个月。承兑申请人在银行承兑汇票到期未付款的，按规定计收逾期罚息。

银行承兑汇票一式三联：第一联为卡片联，由承兑人留存；第二联为汇票联，由收款人开户银行随结算凭证寄付款人开户银行作付出传票附件；第三联为存根联，由出票人留存。

2）银行承兑汇票的规范示例（见图 2－18）

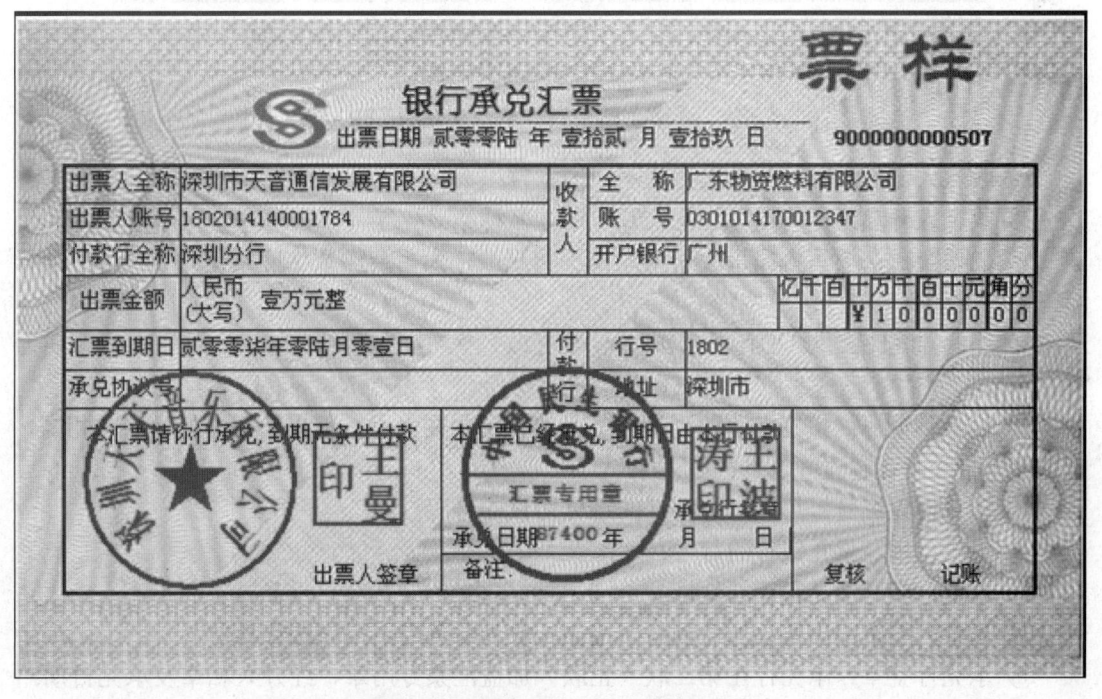

图 2－18　银行承兑汇票的规范示例

3）银行承兑汇票的填制说明（见图 2－19）

① 出票日期：填写出票日期，出票日期必须使用中文大写，不得更改。月为壹、贰和壹拾的，应在其前加"零"。日为壹至玖和壹拾、贰拾和叁拾的，应在其前加"零"；日为拾壹至拾玖的，应在其前加"壹"；

② 出票人全称：填写出票人全称；

③ 出票人账号：填写出票人存款账户的账号；

④ 付款行全称：填写出票人开户银行名称；

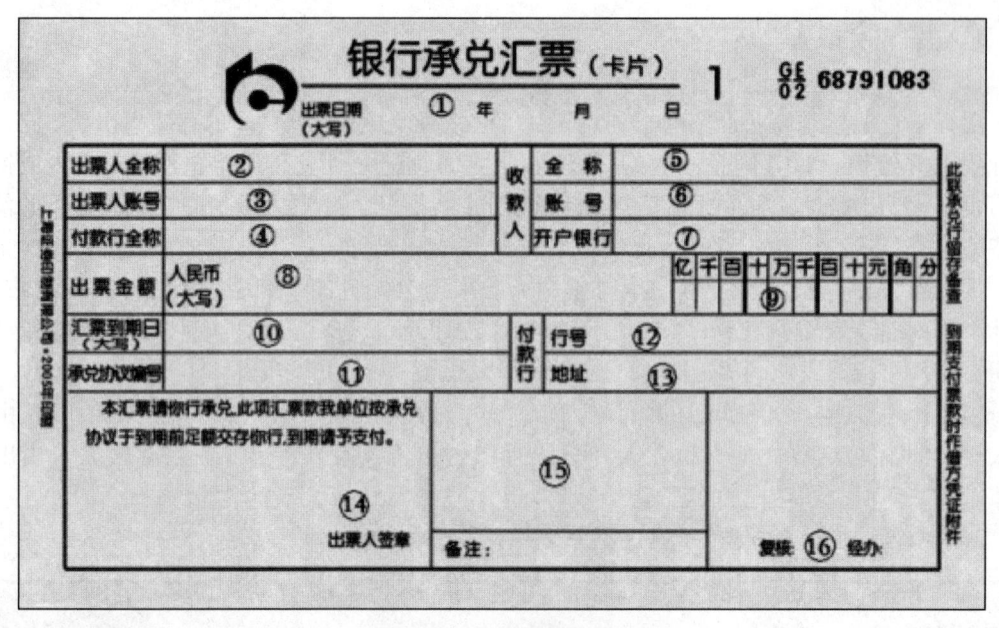

图2-19 银行承兑汇票

⑤ 收款人全称：填写收款人的全称；
⑥ 收款人账号：填写收款人存款账户的账号；
⑦ 收款人开户银行：填写收款人开户银行名称；
⑧ 出票金额：填写人民币大写金额，不得更改，大写金额数字应紧接"人民币"字样填写，不得留有空白；
⑨ 小写金额栏：填写小写金额，不得更改，大小写必须一致，前面加人民币符号"¥"；
⑩ 汇票到期日：填写汇票的到期日，必须使用中文大写，与出票日期填写要求相同，付款期限最长不得超过6个月；
⑪ 承兑协议编号：填写双方签订的承兑协议的号码；
⑫ 行号：填写承兑银行的行号；
⑬ 地址：填写承兑银行的地址；
⑭ 出票人签章：出票人加盖预留印鉴，一般为财务专用章与法人章；
⑮ 承兑行签章：承兑行在第二联（正联）加盖汇票专用章、经办人私章及承兑日期；
⑯ 复核等栏：承兑银行复核等。

4）实训练习

（1）2021年04月12日，浙江山水机械有限公司（开户行及账号：交通银行杭州分行，010872000400078567777）签发银行承兑汇票支付向南海机械设备有限公司购买设备的款项，金额1 005 800.58元，承兑期限为3个月。请填写银行承兑汇票（见图2-20）。（南海机械设备有限公司账号：410872000400078522232；开户银行：交通银行北京分行；付款行行号：101300789875；付款行地址：丰台区人民路178号；承兑协议编号：1101）

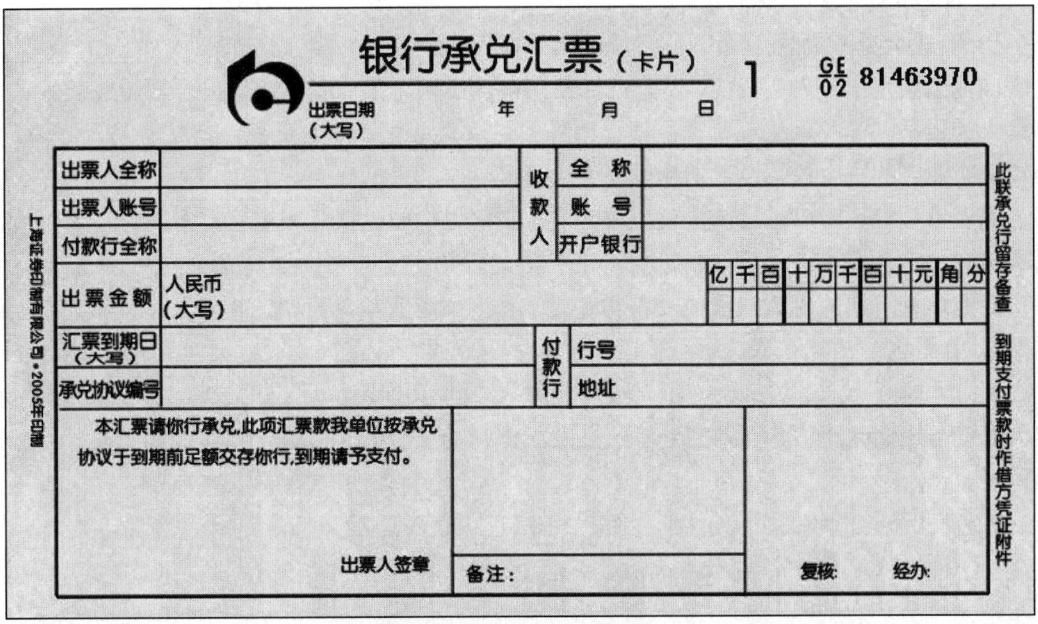

银行承兑汇票（卡片） 1 GE 02 81463970

出票日期（大写） 年 月 日

出票人全称		收款人	全　称	
出票人账号			账　号	
付款行全称			开户银行	
出票金额	人民币（大写）		亿千百十万千百十元角分	
汇票到期日（大写）		付款行	行号	
承兑协议编号			地址	
本汇票请你行承兑，此项汇票款我单位按承兑协议于到期前足额交存你行，到期请予支付。出票人签章		备注：		复核：　经办：

上海证券印制有限公司•2005年印制

此联承兑行留存备查　到期支付票款时作借方凭证附件

图 2-20　银行承兑汇票练习 1

（2）2021 年 11 月 12 日，浙江山水机械有限公司（开户行及账号：交通银行杭州分行，010872000400078567777）签发银行承兑汇票，支付向北京意祥有限公司购买材料的款项，金额 805 000 元，承兑期限为 1 个月。请填写银行承兑汇票（见图 2-21）。（北京意祥有限公司账号：110872567400078522232；开户银行：中国银行朝阳区支行；付款行行号：101300789875；付款行地址：朝阳区和平 220 号；承兑协议编号：1102）

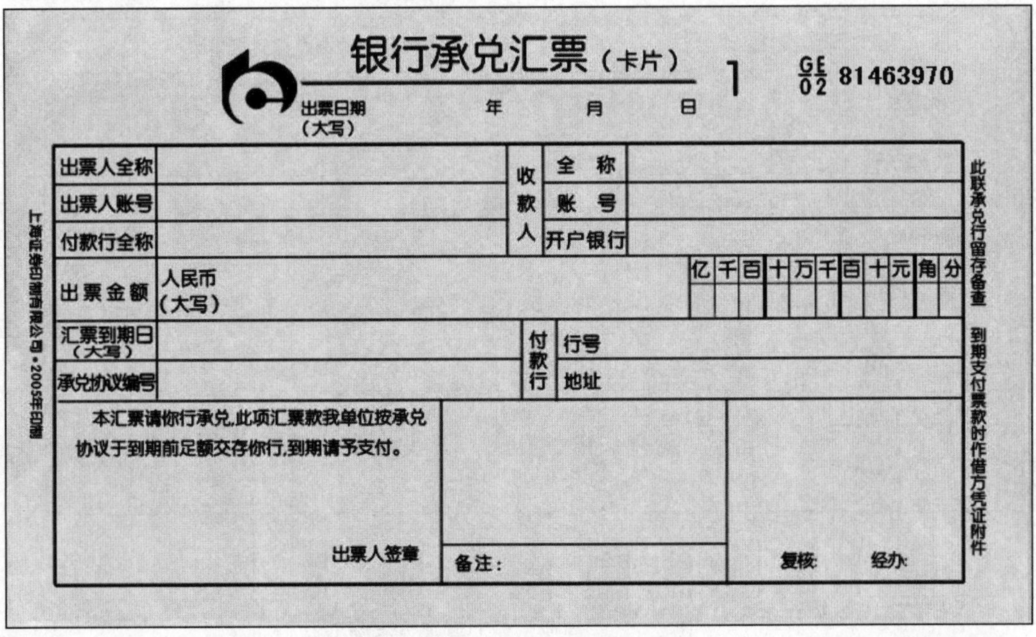

银行承兑汇票（卡片） 1 GE 02 81463970

出票日期（大写） 年 月 日

出票人全称		收款人	全　称	
出票人账号			账　号	
付款行全称			开户银行	
出票金额	人民币（大写）		亿千百十万千百十元角分	
汇票到期日（大写）		付款行	行号	
承兑协议编号			地址	
本汇票请你行承兑，此项汇票款我单位按承兑协议于到期前足额交存你行，到期请予支付。出票人签章		备注：		复核：　经办：

上海证券印制有限公司•2005年印制

此联承兑行留存备查　到期支付票款时作借方凭证附件

图 2-21　银行承兑汇票练习 2

5. 商业承兑汇票

1）商业承兑汇票的介绍

商业汇票是出票人签发的，委托付款人在指定日期无条件支付确定的金额给收款人或者持票人的票据。商业承兑汇票是由银行以外的付款人承兑。商业承兑汇票按交易双方约定，由销货企业或购货企业签发，但由购货企业承兑。

商业承兑汇票可以由付款人签发并承兑，也可以由收款人签发交由付款人承兑。可以在出票时向付款人提示承兑后使用，也可以在出票后先使用再向付款人提示承兑。

商业承兑汇票的付款期限最长不得超过 6 个月。商业承兑汇票的提示付款期限，自汇票到期日 10 日内。

商业承兑汇票一式三联：第一联为卡片联，由承兑人留存；第二联为汇票联，由收款人开户银行随结算凭证寄付款人开户银行作付出传票附件；第三联为存根联，由出票人留存。

2）商业承兑汇票的规范示例（见图 2-22）

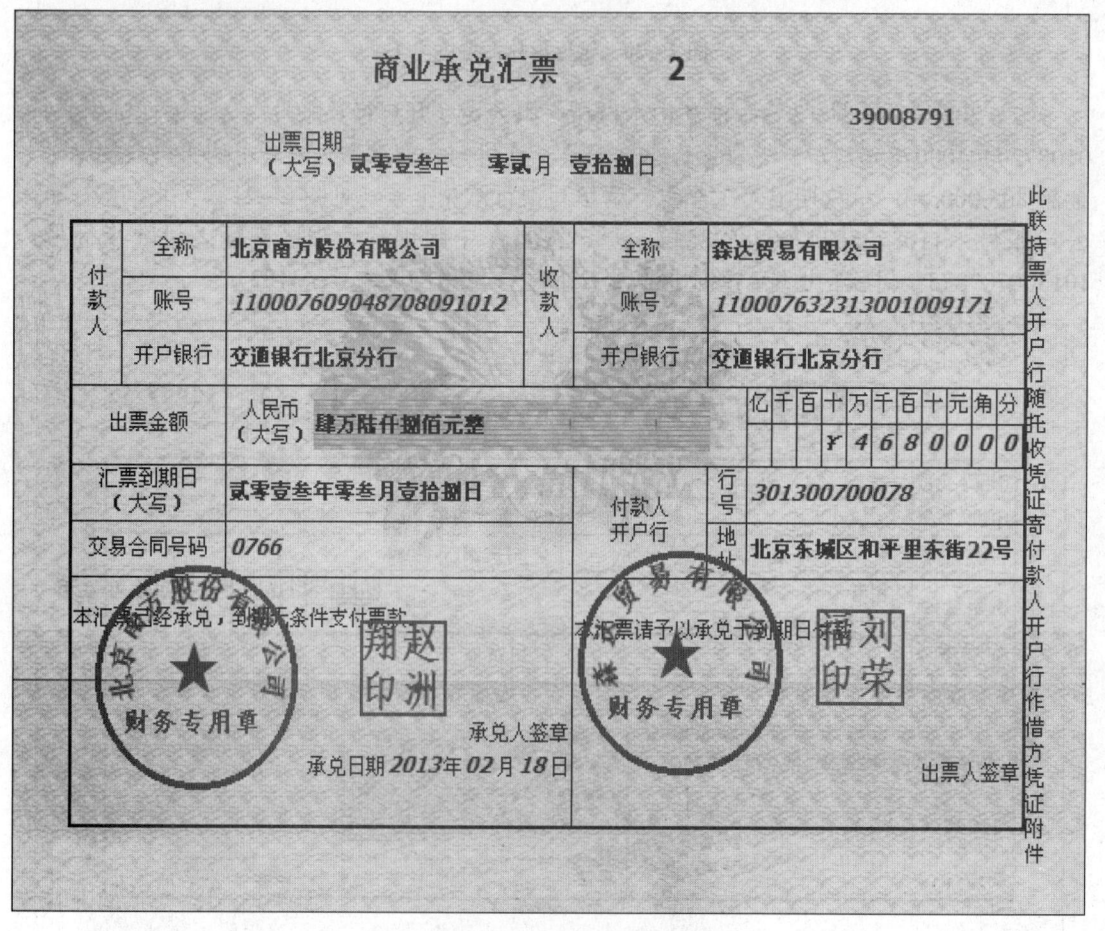

图 2-22 商业承兑汇票规范示例

3）商业承兑汇票的填制说明（见图2-23）

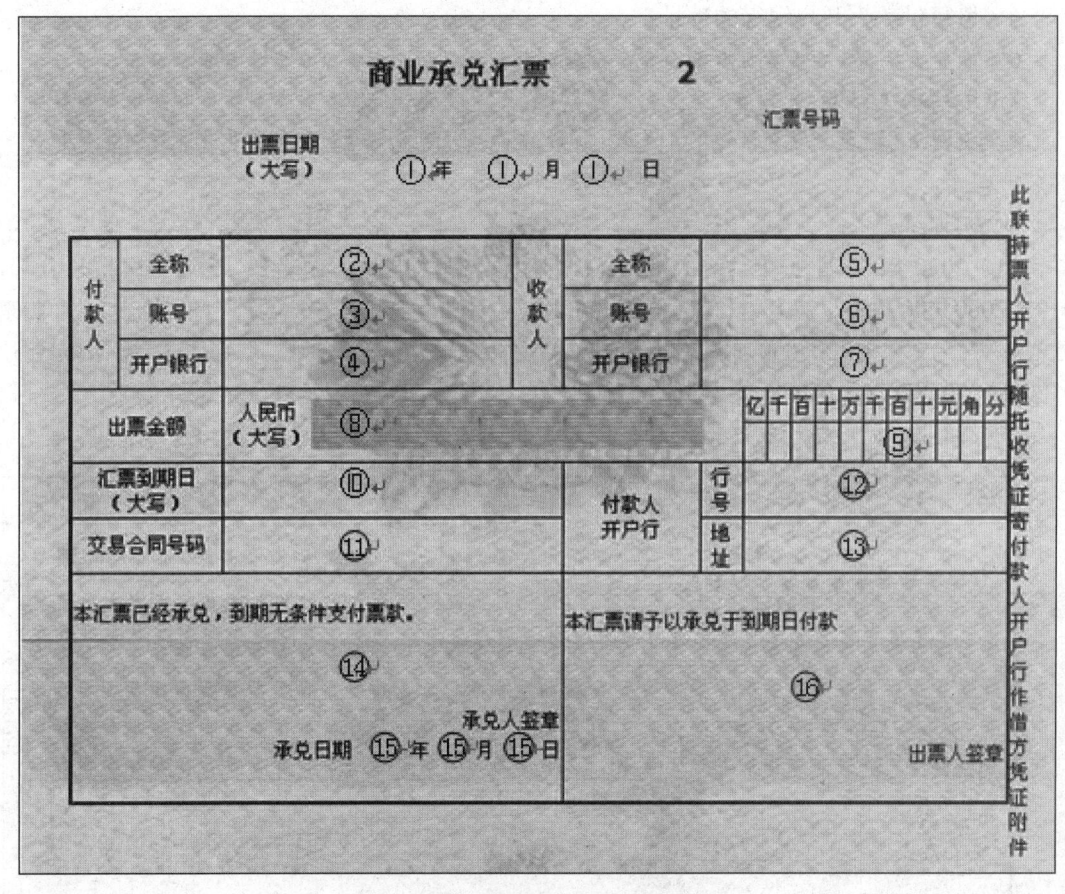

图2-23 商业承兑汇票的填制说明

① 填写出票日期，出票日期必须使用中文大写，不得更改。月为壹、贰和壹拾的，应在其前加"零"。日为壹至玖和壹拾、贰拾和叁拾的，应在其前加"零"；日为拾壹至拾玖的，应在其前加"壹"；
② 填写付款人的全称；
③ 填写付款人存款账户账号；
④ 填写付款人开户银行名称；
⑤ 填写收款人全称；
⑥ 填写收款人存款账户的账号；
⑦ 填写收款人开户银行名称；
⑧ 填写人民币大写金额，不得更改，大写金额数字应紧接"人民币"字样填写，不得留有空白；
⑨ 填写小写金额，不得更改，大小写必须一致，前面加人民币符号"¥"；
⑩ 填写汇票到期日，必须使用中文大写，与出票日期填写要求相同，付款期限最长不得超过6个月；
⑪ 填写双方签订的交易合同号码；

⑫ 填写付款人开户银行的行号；
⑬ 填写付款人开户银行的地址；
⑭ 承兑人签章，为其预留银行的签章；
⑮ 填写承兑日期；
⑯ 出票人签章，为该单位的财务专用章或公章加其法定代表人或者其授权的代理人的签名或盖章。

4）实训练习

（1）2020 年 02 月 13 日，浙江山水机械有限公司（开户行及账号：交通银行杭州分行，010872000400078567777）销售一批材料给北京实业股份有限公司（开户行：交通银行北京分行，行号：301300700078，开户行地址：北京西城区和平里东街 22 号，账号：110007609048708091012），金额 146 800.00 元，交易合同号码为 0666，北京实业股份有限公司签发商业承兑汇票一张，汇票期限为一个月。请填写商业承兑汇票（见图 2-24）。

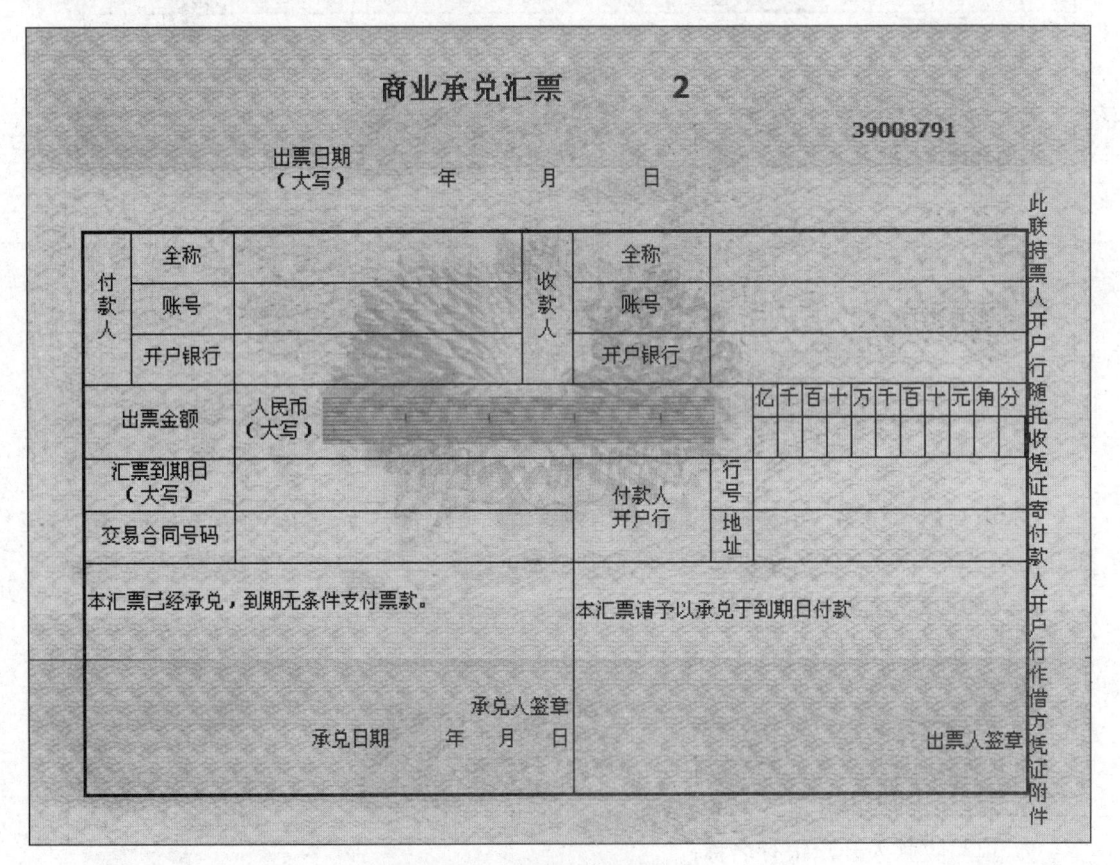

图 2-24 商业承兑汇票练习 1

（2）2021 年 06 月 18 日，上海化工有限公司（开户行：交通银行上海分行；账号：2020000100901445710121；开户行行号：301300709008；开户行地址：上海浦东新区西苑三里 08 号）从浙江山水机械有限公司（开户行及账号：交通银行杭州分行，010872000400078567777）购入一台设备，金额 34 000.00 元，交易合同号码为 093118。浙江山水机械有限公司签发商业承兑汇票一张，汇票期限为二个月。请填写商业承兑汇票（见图 2-25）。

图 2-25 商业承兑汇票练习 2

6. 银行本票

1）银行本票的介绍

银行本票是申请人将款项交存银行，由银行签发的承诺自己在见票时无条件支付确定的金额给收款人或者持票人的票据。银行本票按照其金额是否固定可分为不定额银行本票和定额银行本票两种。不定额银行本票是指凭证上金额栏是空白的，签发时根据实际需要填写金额（起点金额为5 000元），并用压数机压印金额的银行本票；定额银行本票是指凭证上预先印有固定面额的银行本票。定额银行本票面额为1 000元、5 000元、10 000元和50 000元，其提示付款期限自出票日起最长不得超过2个月。银行本票，见票即付，不予挂失，当场抵用，付款保证程度高。

2）银行本票的规范示例（见图2-26）

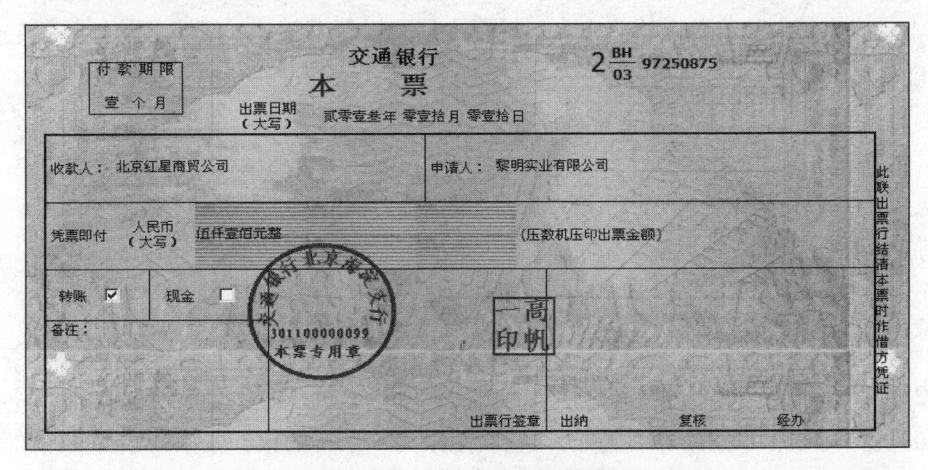

图 2-26 银行本票的规范示例

3）银行本票的填制说明（见图2-27）

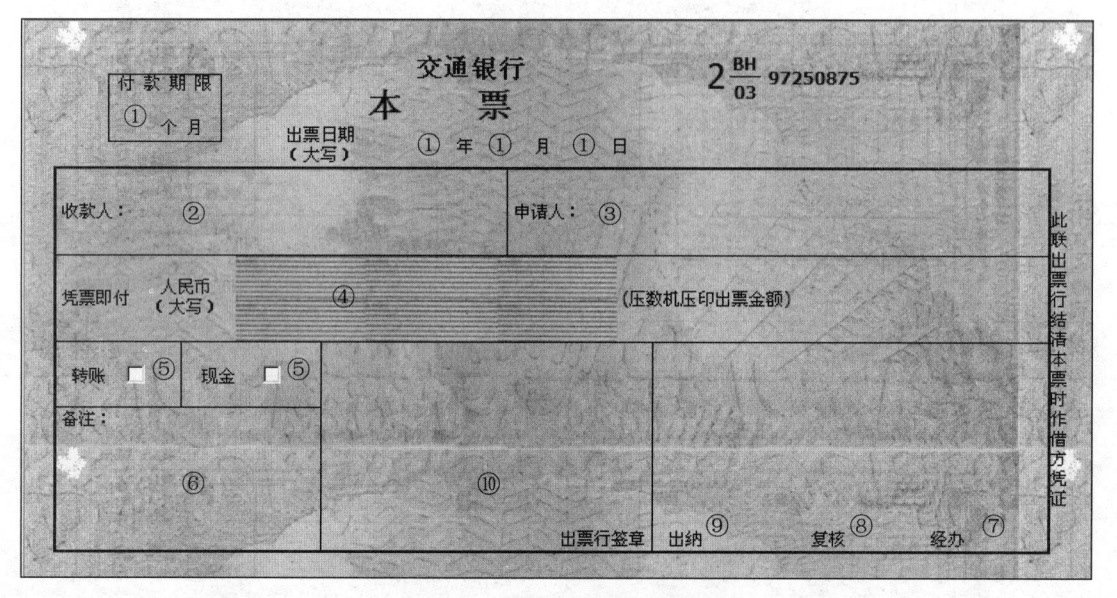

图2-27 银行本票的填制说明

① 填写银行本票的出票日期；银行本票的提示付款期限自出票日起最长不得超过2个月；

② 填写收款人的名称；

③ 填写申请银行本票的单位或个人；

④ 银行见票时需支付给持票人的金额，用大写填写；压数机压印出票小写金额；

⑤ 银行本票可以用于转账，填明"现金"字样的银行本票，也可以用于支取现金，现金银行本票的申请人和收款人均为个人；银行本票可以背书转让，填明"现金"字样的银行本票不能背书转让；

⑥ 与该业务有关的其他补充资料；

⑦ 经办人员签章；

⑧ 复核人员签章；

⑨ 出纳签章；

⑩ 出票行签章。

4）实训练习

2021年10月13日，朝阳实业有限公司向上海未来机械有限公司购买机器一台，货款56 970.00元，以银行本票结算（转账），签发期限为一个月的银行本票，根据资料填写银行本票（见图2-28）。

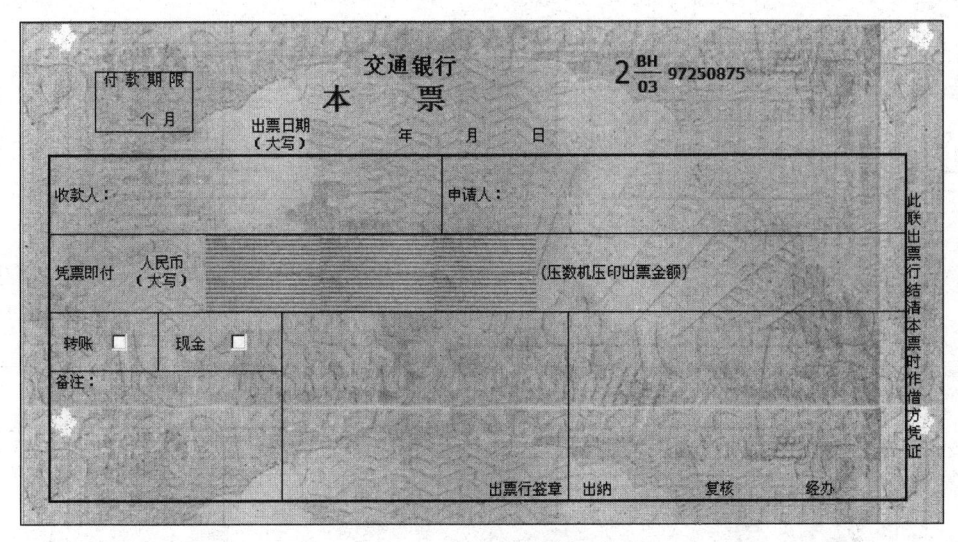

图2-28 银行本票练习

7. 增值税专用发票

1）增值税专用发票的介绍

增值税专用发票是由国家税务总局监制设计印制的，只限于增值税一般纳税人领购使用的，既作为纳税人反映经济活动中的重要会计凭证，又是兼记销货方纳税义务和购货方进项税额的合法证明；是增值税计算和管理中重要的决定性的合法的专用发票。

按照国家税务总局规定，从2003年8月1日起，所有增值税一般纳税人如果需要使用增值税专用发票，必须使用防伪税控系统开具的增值税专用发票。因此，增值税专用发票使用对象只能是安装了防伪税控系统的增值税一般纳税人。

增值税专用发票基本联次为三联：第一联为记账联，销售方用作记账凭证；第二联为抵扣联，购货方用作扣税凭证；第三联为发票联，购货方用作记账凭证。

2）增值税专用发票的规范示例（见图2-29）

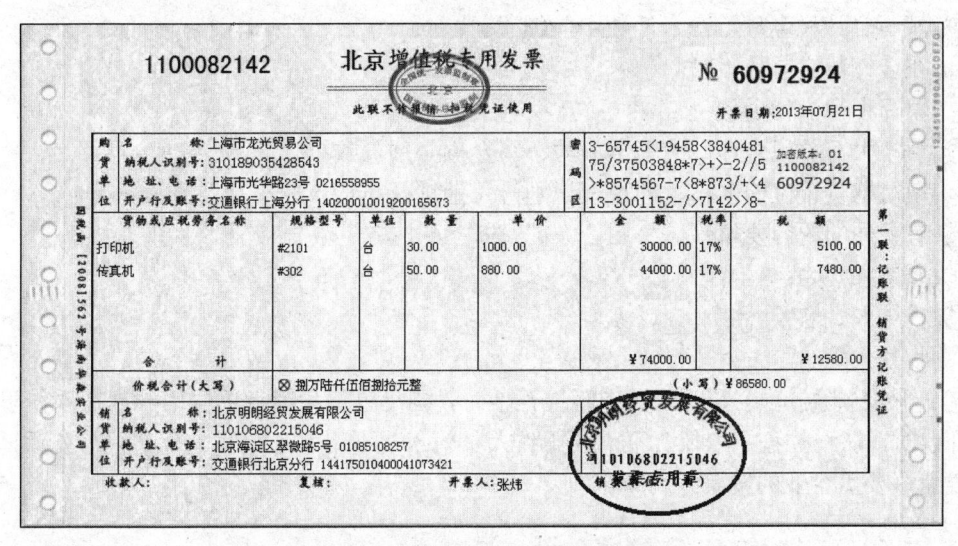

图2-29 增值税专用发票的规范示例

3）增值税专用发票的填制说明（见图2-30）

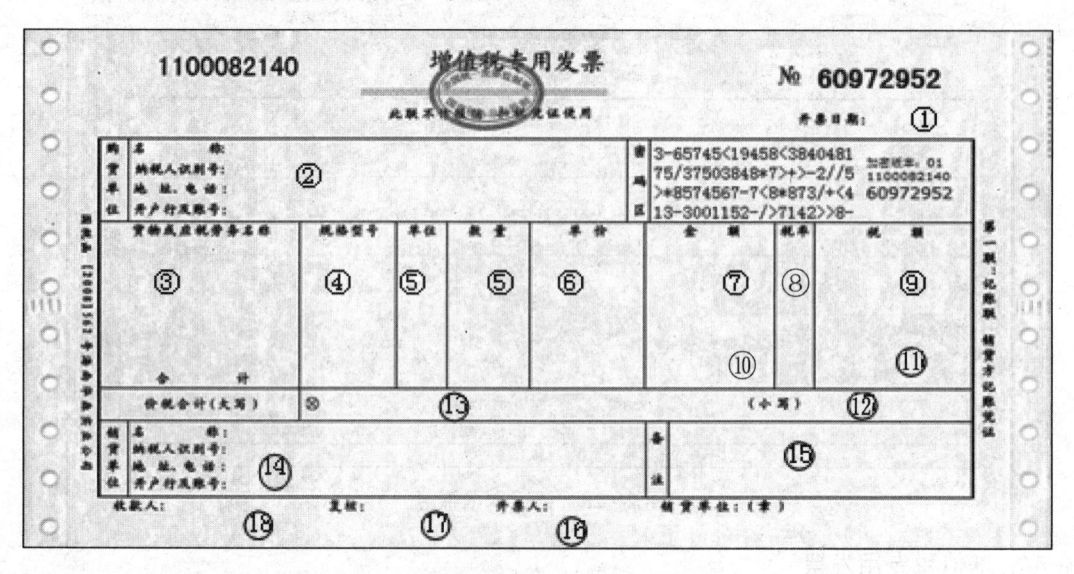

图 2-30 增值税专用发票的填制说明

① 填写此笔经济业务事项制证的日期；
② 填写购货单位的名称、纳税人识别号、地址及电话、开户行及账号；
③ 填写货物名称；
④ 填写规格型号；
⑤ 填写单位、数量；
⑥ 填写单价，如400.00；
⑦ 填写金额；
⑧ 填写税率，如17%；
⑨ 填写税额；
⑩ 填写合计税金额，在合计数字前加"￥"；
⑪ 在合计数字前加"￥"；
⑫ 填写小写合计金额；
⑬ 填写大写价税合计，大写金额与小写金额必须一致；
⑭ 填写购货单位的名称、纳税人识别号、地址及电话、开户行及账号；
⑮ 有备注的内容要填写；
⑯ 开票人姓名；
⑰ 复核人姓名；
⑱ 收款人姓名。

⑦～⑱项（除⑮项）和密码区在税控开票时，购货单位和销货单位第一次在系统里设置好，开票时，从税控盘中取得。不需要操作人员输入，不用人工填写。全部填写完后，抵扣联、发票联要盖企业的发票专用章。

4）实训练习

2021 年 07 月 21 日，云南化工有限公司（开户行：交通银行昆明分行；账号：

202000017890145581 0128；纳税人识别号：915847YNHG4185278）销售给昆明市虹桥贸易公司（开户行：中国农业银行昆明分行；账号：61270200582017890145581 0128；纳税人识别号：958264KMHQ4185278）机床一台，规格型号 XD537，金额 120 000.00 元，请开具增值税专用发票（见图 2-31）。(销售单中为不含税价格，税率13%，开票人：张三）

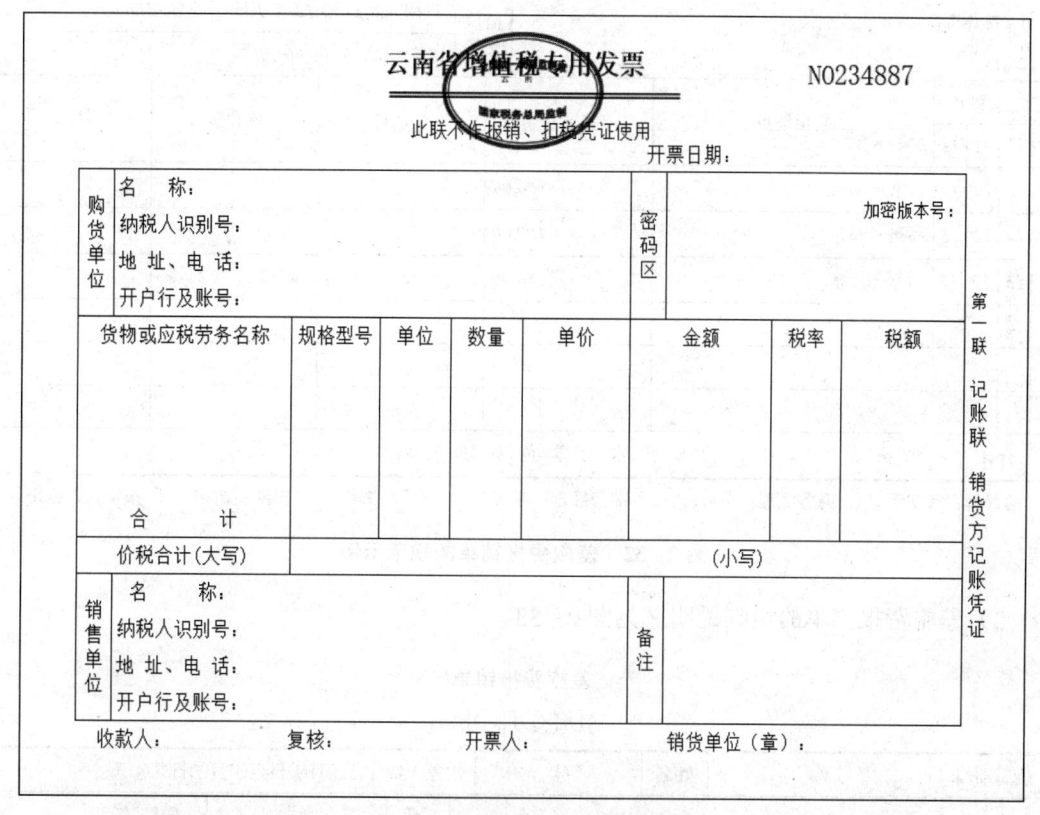

云南省增值税专用发票							N0234887
此联不作报销、扣税凭证使用					开票日期：		
购货单位	名　称：			密码区		加密版本号：	
	纳税人识别号：						
	地址、电话：						
	开户行及账号：						
货物或应税劳务名称	规格型号	单位	数量	单价	金额	税率	税额
合　　计							
价税合计（大写）					（小写）		
销售单位	名　称：			备注			
	纳税人识别号：						
	地址、电话：						
	开户行及账号：						
收款人：		复核：		开票人：		销货单位（章）：	

图 2-31　增值税专用发票练习

8. 差旅费报销单

1）差旅费报销单的介绍

差旅费报销单是出差人员回来后进行费用报销的一种固定表格式单据，除了包含姓名、部门、人数、事由、时间、地点之外，还包含了报销单据、项目、张数、金额、合计（大小写）等内容。当然，其他的原始票据也需要附加上，作为报销凭证。差旅费报销单主要用途如下：

（1）作为出差任务的出差凭证；

（2）记载出差的任务、路线、地点、时间、费用等情况；

（3）作为出差后公司给予补助的单据；

（4）作为出差期间各种费用票据的汇总表。

差旅费报销单应按出差次数填写，每出差一次，填写一张差旅费报销单，连续在外出差多日，也在同一张差旅费报销单中填写。

2）差旅费报销单的规范示例（见图2-32）

差旅费报销单

2013 年 12 月 20 日

所属部门		销售部门		姓名	张刚		出差天数	自 *12* 月 *12* 日至 *12* 月 *17* 日共 *6* 天		
出事差由		销售商品				借旅支费	日期	*2013 年 12 月 1 日*		金额¥*500.00*
							结算金额：¥*500.00*			
出发		到达		起止地点		交通费		住宿费	伙食费	其他
月	日	月	日							
12	*12*	*12*	*14*	北京—福州		*80.00*		*240.00*		
12	*14*	*12*	*15*	福州—福州		*100.00*				
12	*15*	*12*	*17*	福州—北京		*80.00*				
合计				零 拾 零 万 零 仟 伍 佰 零 拾 零 元 零 角 零 分				¥*500.00*		

总经理：兰明青　　财务经理：李大同　　部门经理：张利　　会计：王琳　　出纳：高翔　　报销人：张刚

图2-32　差旅费报销单的规范示例

3）差旅费报销单的填制说明（见图2-33）

差旅费报销单

①年①月①日

所属部门		②		姓名	③		出差天数	自④月④日至④月④日共④天		
出事差由		⑤				借旅支费	日期	⑥		金额¥⑦
							结算金额：¥⑧			
出发		到达		起止地点		交通费		住宿费	伙食费	其他
月	日	月	日							
⑨	⑨	⑨	⑨	⑩		⑪		⑫	⑬	
合计				⑭ 拾 ⑭ 万 ⑭ 仟 ⑭ 佰 ⑭ 拾 ⑭ 元 ⑭ 角 ⑭ 分				¥⑭		

总经理：　　财务经理：　　部门经理：　　会计：　　出纳：　　报销人：

图2-33　差旅费报销单的填制说明

① 填写差旅费报销单的时间；
② 填写出差人员所在的部门；
③ 填写出差人员姓名；
④ 填写出差天数，从××月××日至××月××日；
⑤ 填写出差目的和内容；
⑥ 填写出差前在财务部借支差旅费的日期；
⑦ 填写出差前在财务部借支差旅费的金额；
⑧ 填写本次报销差旅费应多退少补的金额；
⑨ 填写出差时的出发和到达日期；
⑩ 填写本次出差从什么地方到什么地方；
⑪ 填写从起讫地点所发生的车船费，包括出差途中的过路费、汽油费；
⑫ 填写出差期间的住宿费，按公司的住宿费标准和住宿费发票金额两者数额取小的数额填报；
⑬ 填写出差时早、中、晚餐补贴，按公司的补贴标准填报；
⑭ 报销金额大写和小写，填写出差人员所计算的报销金额大写数额和小写数额。

9. 借款单

1）借款单的介绍

借款单属于企业内部自制原始凭证，是借款人借款的凭证。借用公款时，由借款人填写借款单，由经办部门负责人、法人签字批准，方可办理借款手续，领取现金。借款单一式三联，需经借款人、部门负责人及领导审核签字。

2）借款单的规范示例（见图2-34）

借 款 单   现金付讫

2013年07月23日 　　　　　　　　　　　　　　　　　　　第00109号

借款部门	销售部门	姓名	周移民	事由	出差
借款金额（大写）	零万壹仟零佰零拾零元零角零分　¥1000.00				
部门负责人签署	刘定	借款人签章	周移民	注意事项	一、凡借用公款必须使用本单 二、出差返回后三天内结算
单位领导批示	王靓	财务经理审核意见	郑镭		

图2-34 借款单的规范示例

3）借款单的填制说明（见图2-35）

借 款 单

① 年 ① 月 ① 日　　　　　第 ② 号

借款部门	③	姓名	④	事由	⑤	注意事项	一、凡借用公款必须使用本单 二、第三联为正式借据由借款人和单位负责人签章 三、出差返回后三天内结算	第一联：记账联
借款金额（大写）	⑦ 万 仟 佰 拾 元 角 分 ¥				⑥			
部门负责人签署	⑨	借款人签章	⑧					
单位领导批示	⑩	审核意见	⑩					

图2-35　借款单的填制说明

① 填写此笔经济业务事项制证的日期；
② 填写借款单的序列号；
③ 填写借款人所在的部门；
④ 填写借款人的姓名；
⑤ 填写借款事由；
⑥ 填写借款的小写金额；
⑦ 填写借款大写的人民币金额，与小写金额一致；
⑧ 借款人签名或盖章；
⑨ 部门负责人签名或盖章；
⑩ 单位领导批示签名及签署审核意见。

三、典型业务示例

（一）支票（见图2-36）

图2-36　支票

30

(二)进账单(见图 2-37)

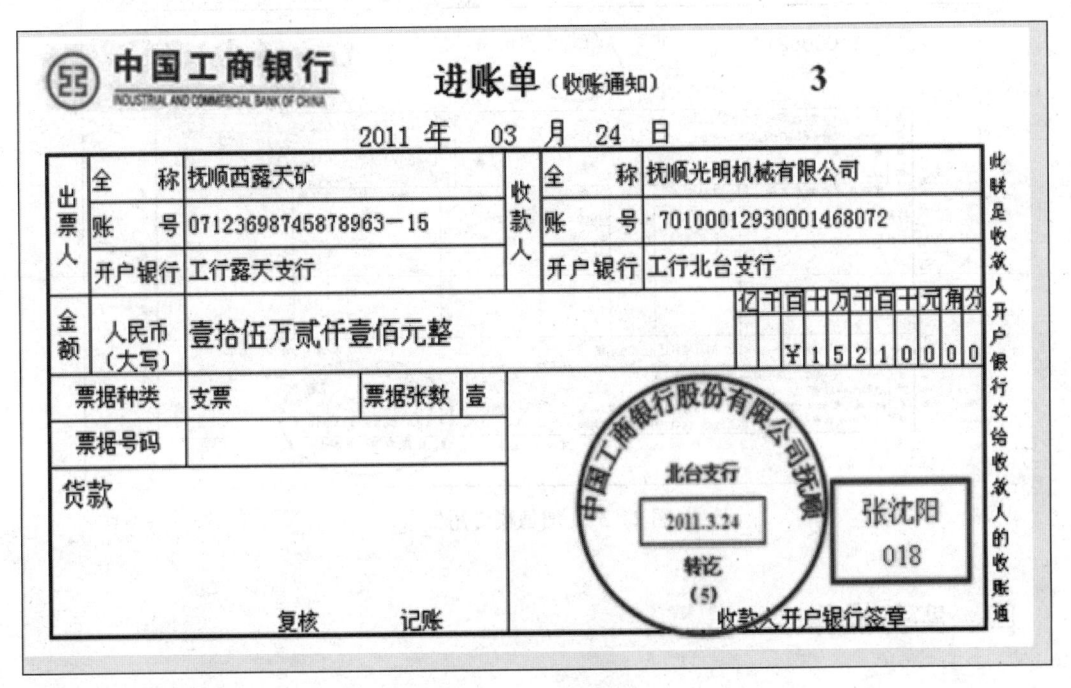

图 2-37 进账单

(三)银行承兑汇票(见图 2-38)

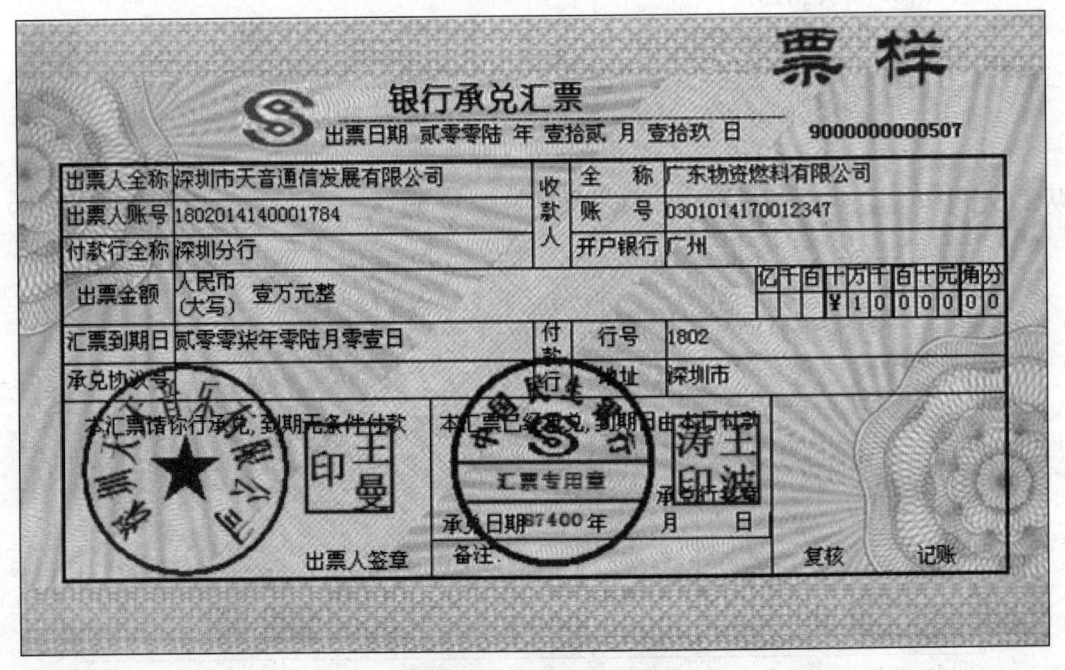

图 2-38 银行承兑汇票

（四）增值税专用发票（见图 2-39）

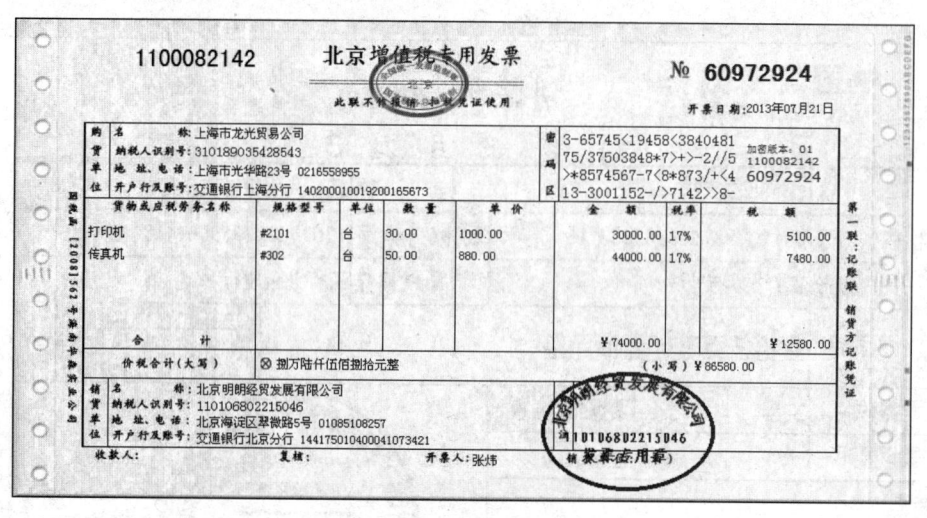

图 2-39　增值税专用发票

四、实务操作

实训资料：

单位名称：北京兴盛达贸易有限公司；

地址：北京市环湖路 108 号；

电话：010—88965420；

纳税人识别号：100106145120000；

开户行及账号：交通银行北京和平路支行，110008609948708091179；

实训中发生的经济业务均以北京兴盛达贸易有限公司为会计主体。

（1）2021 年 03 月 22 日，北京兴盛达贸易有限公司开出 85 000.00 元的现金支票一张，从银行提取现金以备零用，请填写现金支票（见图 2-40）。支付密码：6872962510227169。

图 2-40　转账支票实训练习

（2）2021年05月20日，北京兴盛达贸易有限公司采购原材料一批，以电汇方式结算，金额678 124.30元，请填写银行电汇凭证（见图2-41）。支付密码：5474217751622669。（购货方信息：吉林长远集团；开户行：中国建设银行和平路支行；账号：2256076010222708091022）

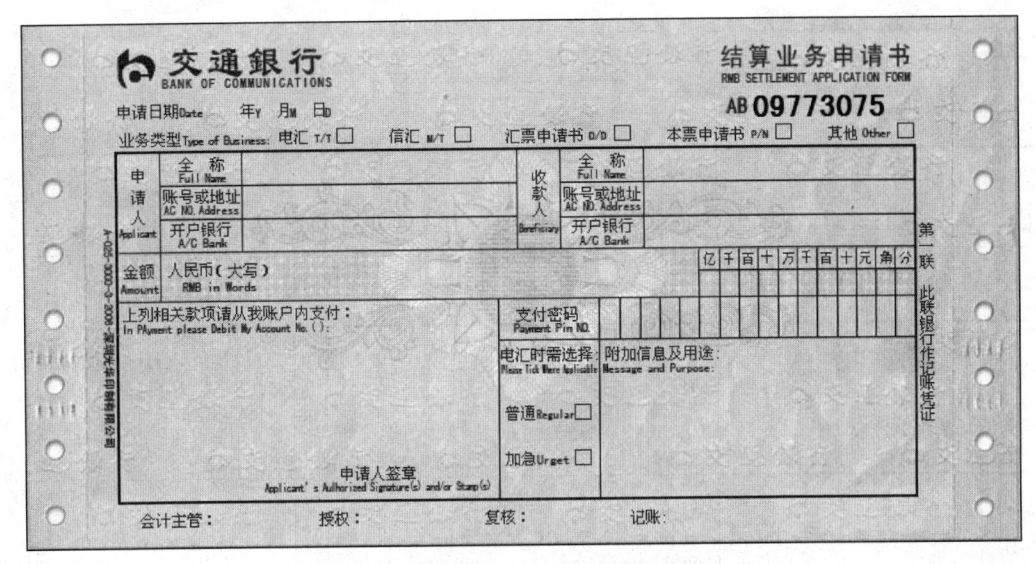

图2-41　结算业务申请书实训练习

（3）2021年06月12日北京兴盛达贸易有限公司签发银行承兑汇票支付向云南机械设备有限公司购买设备的款项，金额500 000元，承兑期限为3个月，请填写银行承兑汇票（见图2-42）。（云南机械设备有限公司账号：516772000400078522278；开户银行：交通银行昆明分行；付款行行号：101300789875；付款行地址：五华区人民东路209号；承兑协议编号：1114）

图2-42　银行承兑汇票实训练习

（4）2021 年 11 月 13 日，北京兴盛达贸易有限公司采购部业务员王磊到广州出差，向财务部借支款项 5 000.00 元，请填制借款单（见图 2－43）。

借　款　单

年　月　日　　　　　　　　　　第　　号

借款部门		姓名		事由	
借款金额（大写）	万　仟　佰　拾　元　角　分　¥＿＿＿＿				
部门负责人签署		借款人签章		注意事项	一、凡借用公款必须使用本单 二、第三联为正式借据由借款人和单位负责人签章 三、出差返回后三天内结算
单位领导批示		财务经理审核意见			

第一联付款凭证

图 2－43　借款单实训练习

（5）根据以下支票（见图 2－44）填写进账单（见图 2－45）。（彩云纺织厂开户行及账号：中国农业银行彩云路支行，6287086099487080955666）

中国工商银行
（滇）
XⅣ006754897
附加信息
出票日期　2020　年 01　月 01　日
收款人：北京兴盛达贸易有限公司
金　额：￥5000000.00
用　途：货款
单位主管　　会计

中国工商银行　转账支票　　XⅣ006754852
出票日期（大写）贰零贰零年 零壹 月 零壹 日
付款行名称：中国建设银行云南省分行
收款人：北京兴盛达贸易有限公司　出票人账号：5301587459856322227
本支票付款期十天

人民币（大写）	伍佰万元整	亿	千	百	十	万	千	百	十	元	角	分
			¥	5	0	0	0	0	0	0	0	0

用途　货款
上列款项请从
我账户内支付
出票人签章
9851 0008 4547 6871 1235
彩云纺织厂 财务专用章
郭芳印
复核　　记账

图 2－44　转账支票

交通银行 进账单 （回 单） **1**

年 月 日

出票人	全 称		收款人	全 称	
	账 号			账 号	
	开户银行			开户银行	
金额	人民币（大写）			亿 千 百 十 万 千 百 十 元 角 分	
票据种类		票据张数			
票据号码					
复核	记账			开户银行签章	

此联是开户银行交给持票人的回单

图 2－45 进账单实训练习

五、模拟企业相关资料

（一）模拟企业基本资料

本书经济业务以云南轻纺经贸有限公司（纺织制造业）为会计主体，企业组织形式为有限责任公司，公司为一般纳税人，适用《企业会计准则》。主要生产棉纱和棉布，主要原材料为棉花。公司注册资本为人民币 600 万元。

股东 1：昆明纺织厂，现金投资 67.23 万元，占股 11%。

股东 2：昆明机电股份有限公司，银行存款投资 500 万元，占股 83%。

股东 3：昆明机床厂，设备投资 22.6 万元，占股 4%。

股东 4：云南荣达纺织品有限公司，原材料投资 10.17 万元，占股 2%。

纳税人识别码：91530100MA6NQFJM4F。

地址和电话：昆明市海埂路 118 号，电话：0871-5656566。

开户银行：中国工商银行海埂路支行。

账号：2502054173275417368。

生产、管理及服务机构：

（1）行政部（下设厂部办公室、财务科）；

（2）销售科；

（3）生产科（下设 2 个生产车间）。

（二）模拟企业人员设置及职责

厂长：张轸，法人代表，负责工厂的全面经营管理工作；

副厂长：田襄，主要负责工厂生产、科研开发方面的管理工作；

厂长助理：李进，主要负责采购、销售方面的管理工作；

财务科长：李晓，主要负责制定各项财务规章制度，负责资金运作及筹资、会计凭证的审核等；

会计1：张瑞，主要负责往来核算、损益类账户的核算、纳税申报、开具各种发票等工作；

会计2：李蕾，主要负责成本核算和财产物资明细账的登记；

会计3：孙乾，主要负责全部记账凭证的填制、科目汇总表的编制、总账的登记；

出纳：马瑶，主要负责办理现金出纳业务，登记现金日记账和银行存款日记账，编制工资结算表；

销售科科长：李中；

仓库主管：陈小语；

生产管理科科长：郑磊。

（三）模拟企业会计政策

（1）公司会计核算必须符合《中华人民共和国会计法》和新企业会计准则的要求；
（2）公司的会计年度为公历1月1日起至12月31日止；
（3）公司会计核算以人民币为记账本位币；
（4）公司核算以权责发生制为基础；
（5）公司采用科目汇总表账务处理程序进行核算；
（6）公司存货按实际成本法核算，存货发出计价方法采用月末一次加权平均法；
（7）公司固定资产折旧采用年限平均法；
（8）公司为一般纳税人，增值税税率为13%。

项目三

资金筹集业务

一、实训目标

通过本实训项目，使学生了解企业的资金筹集过程，明确资金筹集业务的核算内容；了解资金筹集业务核算账户的结构和使用，运用借贷记账法熟练操作资金筹集业务的账务处理。

二、知识点回顾

（一）资金筹集业务核算的内容

为了进行生产经营活动，企业必须拥有一定数量的资金，作为生产经营活动的物质基础。企业筹集资金的渠道是指企业取得资金的方式。目前，我国企业资金来源的渠道主要有两个：

一是投资者向企业投入。

二是企业向银行等金融机构借款或贷款、发行债券等。

因此，实收资本和借款业务的核算，就构成了资金筹集业务核算的主要工作内容。

（二）所有者投入资金的核算

1. 实收资本的概念

实收资本是指企业投资者按照企业章程或合同、协议的约定，实际投入企业的资本。

2. 主要账户的设置

由于企业组织形式不同，所有者投入资本的会计核算方法也有所不同。除股份有限公司对股东投入的资本应设置"股本"科目外，其余企业均设置"实收资本"科目，核算企业实际收到的投资人投入的资本。

（三）企业向外部借入资金的核算

1. 短期借款的概念

短期借款是指企业向银行或其他金融机构等借入的期限在 1 年以下（含 1 年）的各种借款。

2. 主要账户的设置

为了核算和监督企业短期借款的取得、偿还和结存情况，企业应设置"短期借款""财务费用""应付利息"三个主要账户。

3. 长期借款的概念

长期借款是企业向金融机构和其他单位借入的偿还期限在 1 年或超过 1 年的一个营业周期以上的债务。设置"长期借款"账户。

三、典型业务示例

（一）投资者投入资本的账务处理

1. 以货币资金方式投入（不考虑资本溢价）（见图 3-1 和图 3-2）

记账凭证

2020 年 11 月 01 日　　　　　　　　　　　　　　　　　　第 001 号

摘要	总账科目	明细科目	借方金额 亿千百十万千百十元角分	贷方金额 亿千百十万千百十元角分	记账 √
接受投资者现金投资	库存现金		500000		
	实收资本	张三		500000	
合计			¥　　　500000	¥　　　500000	

附件 2 张

会计主管：　　　　复核：　　　　记账：　　　　出纳：　　　　制单：

图 3-1　记账凭证

记账凭证

2020年11月02日　　　　　　　　　　　　　　　　　　　　　　第002号

摘要	总账科目	明细科目	借方金额 亿千百十万千百十元角分	贷方金额 亿千百十万千百十元角分	记账√
投资者以银行存款方式投资	银行存款		1 0 0 0 0 0 0 0 0		
	实收资本	A公司		1 0 0 0 0 0 0 0 0	
合计			¥ 1 0 0 0 0 0 0 0 0	¥ 1 0 0 0 0 0 0 0 0	

附件 2 张

会计主管：　　　　复核：　　　　记账：　　　　出纳：　　　　制单：

图3-2　记账凭证

2. 以非货币资金方式投入（不考虑资本溢价）（见图3-3和图3-4）

记账凭证

2020年11月05日　　　　　　　　　　　　　　　　　　　　　　第003号

摘要	总账科目	明细科目	借方金额 亿千百十万千百十元角分	贷方金额 亿千百十万千百十元角分	记账√
投资者以原材料方式投资	原材料	A材料	1 0 0 0 0 0 0 0		
	应交税费	应交增值税（进项税额）	1 3 0 0 0 0 0		
	实收资本	A公司		1 1 3 0 0 0 0 0	
合计			¥ 1 1 3 0 0 0 0 0	¥ 1 1 3 0 0 0 0 0	

附件 3 张

会计主管：　　　　复核：　　　　记账：　　　　出纳：　　　　制单：

图3-3　记账凭证

记账凭证

2020 年 11 月 05 日　　　　　　　　　　　　　　　　　　　　　　第 004 号

摘要	总账科目	明细科目	借方金额（亿千百十万千百十元角分）	贷方金额（亿千百十万千百十元角分）	记账√
投资者以固定资产方式投资	固定资产	机床	2 0 0 0 0 0 0 0		
	应交税费	应交增值税（进项税额）	2 6 0 0 0 0 0		
	实收资本	A 公司		2 2 6 0 0 0 0 0	
	合计		¥ 2 2 6 0 0 0 0 0	¥ 2 2 6 0 0 0 0 0	

会计主管：　　　　复核：　　　　记账：　　　　出纳：　　　　制单：

附件 3 张

图 3-4　记账凭证

（二）向债权人借入资金，借款利息的账务处理

1. 借入短期借款（见图 3-5~图 3-7）

记账凭证

2020 年 12 月 01 日　　　　　　　　　　　　　　　　　　　　　　第 005 号

摘要	总账科目	明细科目	借方金额（亿千百十万千百十元角分）	贷方金额（亿千百十万千百十元角分）	记账√
向银行借入短期借款	银行存款	中国建设银行云南省分行	5 0 0 0 0 0 0 0 0		
	短期借款	中国建设银行云南省分行		5 0 0 0 0 0 0 0 0	
	合计		¥ 5 0 0 0 0 0 0 0 0	¥ 5 0 0 0 0 0 0 0 0	

会计主管：　　　　复核：　　　　记账：　　　　出纳：　　　　制单：

附件 3 张

图 3-5　记账凭证

记账凭证

2020 年 12 月 31 日　　　　　　　　　　　　　　　　　第 006 号

摘要	总账科目	明细科目	借方金额 亿千百十万千百十元角分	贷方金额 亿千百十万千百十元角分	记账√
月末计提利息	财务费用	利息支出	2 0 0 0 0 0		
	应付利息	中国建设银行云南省分行		2 0 0 0 0 0	
	合计		¥ 　　　2 0 0 0 0 0	¥ 　　　2 0 0 0 0 0	

附件 3 张

会计主管：　　　　复核：　　　　记账：　　　　出纳：　　　　制单：

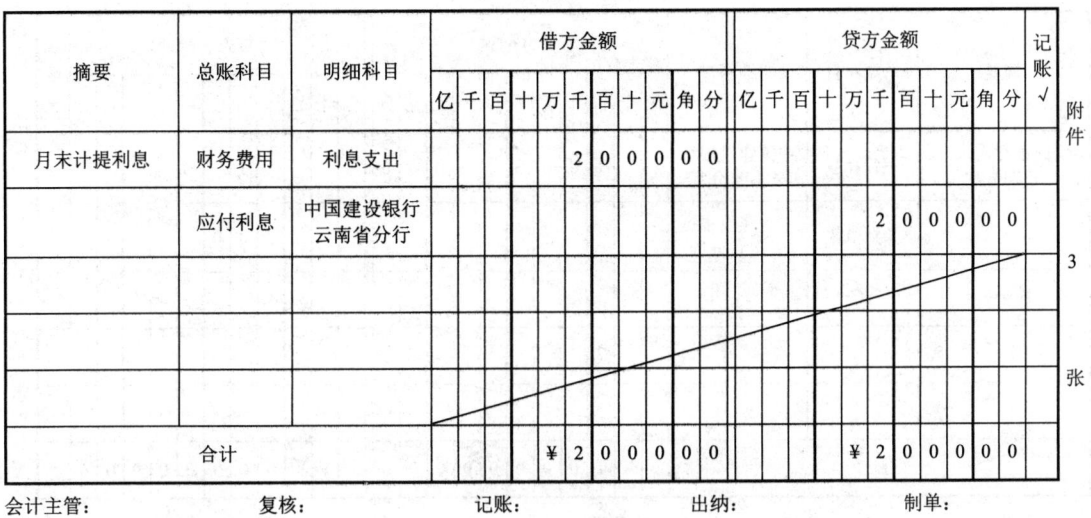

图 3-6　记账凭证

记账凭证

2021 年 03 月 01 日　　　　　　　　　　　　　　　　　第 007 号

摘要	总账科目	明细科目	借方金额 亿千百十万千百十元角分	贷方金额 亿千百十万千百十元角分	记账√
到期一次还本付息	短期借款	中国建设银行云南省分行	5 0 0 0 0 0 0 0 0		
	应付利息	中国建设银行云南省分行	6 0 0 0 0 0		
	银行存款	中国建设银行云南省分行		5 0 0 6 0 0 0 0 0	
	合计		¥ 5 0 0 6 0 0 0 0 0	¥ 5 0 0 6 0 0 0 0 0	

附件 3 张

会计主管：　　　　复核：　　　　记账：　　　　出纳：　　　　制单：

图 3-7　记账凭证

2. 借入长期借款（见图3-8）

记账凭证

2020年12月01日　　　　　　　　　　　　　　　　　第008号

摘要	总账科目	明细科目	借方金额 亿千百十万千百十元角分	贷方金额 亿千百十万千百十元角分	记账√
向银行借入长期借款	银行存款	中国建设银行云南省分行	1 0 0 0 0 0 0 0 0		
	长期借款	中国建设银行云南省分行		1 0 0 0 0 0 0 0 0	
	合计		¥ 1 0 0 0 0 0 0 0 0	¥ 1 0 0 0 0 0 0 0 0	

附件 3 张

会计主管：　　　　复核：　　　　记账：　　　　出纳：　　　　制单：

图3-8　记账凭证

四、实务操作

任务一　投资者以货币资金方式投入资本

子任务一：以现金方式投入

凭证3-1

投资协议书（摘录）

投出单位：昆明纺织厂

投入单位：云南轻纺经贸有限公司

…………

第三、昆明纺织厂以现金方式向云南轻纺经贸有限公司投资人民币陆拾柒万贰仟叁佰元整（¥672 300.00）。

第四、昆明纺织厂投资后，占云南轻纺经贸有限公司注册资本11%份额。

第五、昆明纺织厂必须在2020年11月10日前向云南轻纺经贸有限公司缴纳出资款。

…………

凭证 3-2

收 据

收款日期：2020 年 11 月 1 日　　　　　　　　　　　　　　NO 159797

今收到	昆明纺织厂
交　来：	投资款
人民币（大写）	陆拾柒万贰仟叁佰元整　　　　　　（小写）¥ 672 300.00
备注	（云南轻纺经贸有限公司 财务专用章）
收款单位：	收款人：马瑶　　　　　　交款人：李强

第二联付款人收执

子任务二：以转账方式投入

凭证 3-3

投资协议书（摘录）

投出单位：昆明机电股份有限公司

投入单位：云南轻纺经贸有限公司

…………

第三、昆明机电股份有限公司以转账方式向云南轻纺经贸有限公司投资人民币伍佰万元整（¥5 000 000.00）。

第四、昆明机电股份有限公司投资后，占云南轻纺经贸有限公司注册资本 83%份额。

第五、昆明机电股份有限公司必须在 2020 年 11 月 10 日前向云南轻纺经贸有限公司缴纳出资款。

…………

凭证 3-4

中国工商银行 转账支票存根 BH00657868	中国工商银行 转账支票（琼）　　BH00657868
附加信息 _____	出票日期（大写）　　年　　月　　日
	付款行名称：
	收款人：　　　　出票人账号：
	人民币（大写）　　亿千百十万千百十元角分
出票日期　年　月　日	用途：
收款人：	上列款项请从
金　额：	我账户内支付
用　途：	出票人签章　　　复核　　　记账
单位主管　　会计	付款期十天

43

凭证 3-5

中国工商银行 进账单(回单)

2020 年 11 月 01 日

付款人	全 称	昆明机电股份有限公司	收款人	全 称	云南轻纺经贸有限公司	此联是银行交给收款人的收账通知
	账 号	6200 3275 4173 7895 270		账 号	2502 0541 7327 5417 368	
	开户银行	中国建设银行云南省分行		开户银行	工商银行海埂路支行	
金额	人民币(大写)	伍佰万元整			亿千百十万千百十元角分 ¥5 0 0 0 0 0 0 0 0	
票据种类		转账支票	张数	1张	附加信息及用途：投资款	
票据号码						
		复核 记账			开户银行盖章	

（工商银行海埂路支行 2020.11.01 转账）

任务二　投资者以非货币资金方式投入资本

子任务一：投入设备

凭证 3-6

投资协议书（摘录）

投出单位：昆明机床厂
投入单位：云南轻纺经贸有限公司
…………

第三、昆明机床厂向云南轻纺经贸有限公司投入机床一台，价税合计人民币贰拾贰万陆仟元整（¥226 000.00）。

第四、昆明机床厂投资后，占云南轻纺经贸有限公司注册资本 4%份额。

第五、昆明机床厂必须在 2020 年 11 月 10 日前将机床运抵云南轻纺经贸有限公司予以验收。

…………

凭证 3-7

云南省增值税专用发票　　NO 00234565

此联不作报销、扣税凭证使用

5300201130　　　　　　　　　　　　　　开票日期：2020年11月2日

购货单位	名　称：	云南轻纺经贸有限公司						密码区		加密版本号：	
	纳税人识别号：	91530100MA6NQFJM4F									
	地址、电话：	昆明市海埂路118号　0781-5656566									
	开户行及账号：	工行海埂路支行2502 0541 7327 5417 368									
货物或应税劳务名称	规格型号	单位	数量	单价	金额	税率	税额
机床		台	1	200000.00	200000.00	13%	26000.00
合　计					¥200000.00		¥26000.00
价税合计(大写)	⊕ 贰拾贰万陆仟元整				(小写) ¥226000.00		
销售单位	名　称：	昆明机床厂	备注	91530310MA8NKMJC6A 发票专用章
	纳税人识别号：	91530310MA8NKMJC6A		
	地址、电话：	昆明市北京路88号　3158778		
	开户行及账号：	工行北京路支行 5417 3275 4173 6892 869		

收款人：郭芳　　复核：徐兵　　开票人：刘小丽　　销货单位（章）：

第二联 抵扣联 购买方扣税凭证

凭证 3-8

云南省增值税专用发票　　NO 00234565

此联不作报销、扣税凭证使用

5300201130　　　　　　　　　　　　　　开票日期：2020年11月2日

购货单位	名　称：	云南轻纺经贸有限公司						密码区		加密版本号：	
	纳税人识别号：	91530100MA6NQFJM4F									
	地址、电话：	昆明市海埂路118号　0781-5656566									
	开户行及账号：	工行海埂路支行2502 0541 7327 5417 368									
货物或应税劳务名称	规格型号	单位	数量	单价	金额	税率	税额
机床		台	1	200000.00	200000.00	13%	26000.00
合　计					¥200000.00		¥26000.00
价税合计(大写)	⊕ 贰拾贰万陆仟元整				(小写) ¥226000.00		
销售单位	名　称：	昆明机床厂	备注	91530310MA8NKMJC6A 发票专用章
	纳税人识别号：	91530310MA8NKMJC6A		
	地址、电话：	昆明市北京路88号　3158778		
	开户行及账号：	工行北京路支行 5417 3275 4173 6892 869		

收款人：郭芳　　复核：徐兵　　开票人：刘小丽　　销货单位（章）：

第三联 记账联 购买方记账凭证

凭证 3-9

固定资产验收单

2020 年 11 月 2 日

供货单位：昆明机床厂

固定资产编号	固定资产名称	规格	单位	数量	金额	备注
1	机床		台	1	200 000	

保管验收：张有保　　　　　　　　　　　　　　　　　　　采购员：王赐中

子任务二：投入原材料

凭证 3-10

投资协议书（摘录）

投出单位：云南荣达纺织品有限公司

投入单位：云南轻纺经贸有限公司

……………

第三、云南荣达纺织品有限公司向云南轻纺经贸有限公司投入库存商品棉布一批，价税合计人民币壹拾万零壹仟柒佰元整（¥101 700.00）。

第四、云南荣达纺织品有限公司投资后，占云南轻纺经贸有限公司注册资本 2%份额。

第五、云南荣达纺织品有限公司必须在 2020 年 11 月 10 日前将棉布运抵云南经贸有限公司予以验收。

……………

凭证 3-11

云南省增值税专用发票

NO 00232892

抵扣联

5300201130　　　　　　　　　　　　　　　开票日期：2020年11月2日

购货单位	名　　称	云南轻纺经贸有限公司	密码区	加密版本号：
	纳税人识别号	91530100MA6NQFJM4F		
	地　址、电话	昆明市海埂路118号　0871-5656566		
	开户行及账号	工行海埂路支行2502 0541 7327 5417 368		

货物或应税劳务名称	规格型号	单位	数量	单价	金额	税率	税额
棉布		批	600	150.00	90000.00	13%	11700.00
合　　计					¥90000.00		¥11700.00

价税合计(大写)　　㊤壹拾万零壹仟柒佰元整

销售单位	名　　称	云南荣达纺织品有限公司	备注	账单已验，材料已入库
	纳税人识别号	91530515MA7BYNRDN6F		
	地　址、电话	昆明市董家湾48号		
	开户行及账号	工商银行昆明市分行8677 2358 1784 9741		

收款人：李妮　　复核：刘上　　开票人：张同　　销货单位（章）：

凭证 3-12

云南省增值税专用发票

NO 00232892

发票联

5300201130　　　　　　　　　　　开票日期：2020年11月2日

购货单位	名　　称：	云南轻纺经贸有限公司	密码区	加密版本号：
	纳税人识别号：	91530100MA6NQFJM4F		
	地 址、电 话：	昆明市海埂路118号　0871-5656566		
	开户行及账号：	工行海埂路支行2502 0541 7327 5417 368		

货物或应税劳务名称	规格型号	单位	数量	单价	金额	税率	税额
棉布		批	600	150.00	90000.00	13%	11700.00
合　　　计					¥90000.00		¥11700.00

价税合计(大写)　　㊣壹拾万零壹仟柒佰元整

销售单位	名　　称：	云南荣达纺织品有限公司	备注	账单已到 材料已入库
	纳税人识别号：	91530515MA7BYNRDN6F		
	地 址、电 话：	昆明市董家湾48号		
	开户行及账号：	工商银行昆明市分行8677 2358 1784 9741		

收款人：李妮　　复核：刘上　　开票人：张同　　销货单位（章）：

第三联 发票联 购买方记账凭证

凭证 3-13

入　库　单

购货单位：云南轻纺经贸有限公司　　　2020年11月2日　　　第 001 号

货号	品名	单位	数量	单价	金额	备注
	棉布	批	600	150	90 000	
合计					90 000	

负责人：张宝　　　　　　　　　　　　　　　　　　　　　　经手人：林小峰

二 交会计

任务三　向债权人借入资金

子任务一：借入短期借款

凭证 3-14

中国工商银行短期借款合同（摘录）

订立合同单位：中国工商银行海埂路支行（以下简称贷款方）
　　　　　　　云南轻纺经贸有限公司（以下简称借款方）
　　　　　　　云南宏达公司（以下简称担保方）

为明确责任，恪守合同，特签订本合同，共同信守。

一、贷款种类：短期流动资金借款。
二、借款金额：人民币伍拾万元整。
三、借款用途：进口原材料。
四、借款利率：年利率 6%，利随本清（到期一次还本付息）。如遇国家调整利率，按调整后的利率计算。
五、贷款期限：借款时间自 2020 年 11 月 4 日至 2021 年 11 月 4 日止。
六、还款资金来源：产品销售收入。
七、还款方式：转账。

凭证 3-15

中国工商银行 进账单(回单)

2020 年 11 月 04 日

付款人	全称	中国工商银行海埂路支行	收款人	全称	云南轻纺经贸有限公司
	账号			账号	2502 0541 7327 5417 368
	开户银行			开户银行	工商银行海埂路支行

金额	人民币（大写）	伍拾万元整	亿千百十万千百十元角分
			¥ 5 0 0 0 0 0 0 0

票据种类	转账支票	票据张数	1张	附加信息及用途：短期借款
票据号码				

复核　　记账　　开户银行盖章

此联是银行交给收款人的收账通知

（工商银行海埂路支行 2020.11.04 转账）

子任务二：借入长期借款

凭证 3-16

中国工商银行长期借款合同（摘录）

订立合同单位：中国工商银行海埂路支行（以下简称贷款方）
　　　　　　　云南轻纺经贸有限公司（以下简称借款方）
　　　　　　　云南长江集团（以下简称担保方）

为明确责任，恪守合同，特签订本合同，共同信守。

一、贷款种类：长期借款。
二、借款金额：人民币壹仟万元整。
三、借款用途：进口原材料。
四、借款利率：年利率10%，利随本清（到期一次还本付息）。如遇国家调整利率，按调整后的利率计算。
五、贷款期限：借款时间自2020年11月20日至2023年11月20日止。
六、还款资金来源：产品销售收入。
七、还款方式：转账。

凭证 3-17

中国工商银行 进账单(回单)

2020 年 11 月 20 日

付款人	全称	中国工商银行海埂路支行	收款人	全称	云南轻纺经贸有限公司
	账号			账号	2502 0541 7327 5417 368
	开户银行			开户银行	工商银行海埂路支行

金额	人民币（大写）	壹仟万元整	亿千百十万千百十元角分 ¥ 1 0 0 0 0 0 0 0 0 0
票据种类	转账支票 2020.11.20	张数 1张	附加信息及用途：长期借款
票据号码			

复核　　记账　　　　　开户银行盖章

此联是银行交给收款人的收账通知

项目四

供 应 过 程

一、实训目标

通过本实训项目,使学生了解企业的供应过程,明确供应过程的核算内容;了解供应过程业务核算账户的结构和使用,运用借贷记账法熟练操作供应过程业务的账务处理。

二、知识点回顾

(一)供应过程核算的内容

供应过程是工业企业经营活动的起点,在供应过程中,企业要用货币资金建造或购买厂房、购买机器设备以及各种材料物资,完成生产准备过程。在这一过程中,企业要支付购买固定资产和材料物资的价税款,要支付采购费用,要与供货单位发生货款结算业务。所以供应过程核算的内容主要包括固定资产购建业务的核算和材料采购业务的核算两个方面。

(二)固定资产购建业务的核算

1. 固定资产的概念

固定资产是指同时具有为生产商品、提供劳务、出租或经营管理而持有,使用寿命超过一个会计年度特征的有形资产。包括房屋建筑物、机器设备、运输设备和工具器具等。

2. 主要账户的设置

为了加强对固定资产购建业务的管理,应设置"固定资产"和"在建工程"两个主要账户。

3. 主要核算内容

(1)固定资产入账价值的确认。
(2)"应交税费——应交增值税(进项税额)"的核算。
(3)需要安装的固定资产的核算。
(4)不需要安装的固定资产的核算。

（三）材料采购业务的核算

1. 原材料的概念

原材料是指企业在生产过程中经过加工改变其形态或性质并构成产品主要实体的各种原料、主要材料和外购半成品，以及不构成产品实体但有助于产品形成的辅助材料。

2. 主要账户的设置

为了加强对材料采购业务的管理，计算确定材料的采购成本，核算和监督库存材料的增减变动、结存情况以及企业因采购材料而与供应单位发生的货款结算关系，应设置"在途物资""原材料""应付账款""预付账款""应付票据""应交税费"等主要账户。

3. 主要核算内容（实际成本法）

（1）材料入账价值的确认。
（2）"应交税费——应交增值税（进项税额）"的核算。
（3）材料验收入库的核算。
（4）材料未验收入库的核算。

三、典型业务示例

（一）购入固定资产的计量及确认

1. 购入不需安装固定资产的核算（见图 4-1）

记账凭证

2020 年 12 月 1 日　　　　　　　　　　　　　　　　　第 001 号

摘要	总账科目	明细科目	借方金额 亿 千 百 十 万 千 百 十 元 角 分	贷方金额 亿 千 百 十 万 千 百 十 元 角 分	记账 √
购入不需安装的设备一台	固定资产	设备	１０００００００		
	应交税费	应交增值税（进项税额）	１３０００００		
	银行存款			１１３００００００	
	合计		￥　１１３００００００	￥　１１３００００００	

会计主管：　　　　　复核：　　　　　记账：　　　　　出纳：　　　　　制单：

图 4-1　记账凭证

2. 购入需安装固定资产的核算（见图 4–2 和图 4–3）

记账凭证

2020 年 12 月 2 日　　　　　　　　　　　　　　　　　　　　　　　　第 002 号

摘要	总账科目	明细科目	借方金额 亿千百十万千百十元角分	贷方金额 亿千百十万千百十元角分	记账 √
购入需安装的设备一台	在建工程	设备	1 0 0 0 0 0 0 0		
	应交税费	应交增值税 （进项税额）	1 3 0 0 0 0 0		
	应付账款			1 1 3 0 0 0 0 0	
	合计		¥ 1 1 3 0 0 0 0 0	¥ 1 1 3 0 0 0 0 0	

会计主管：　　　　　复核：　　　　　记账：　　　　　出纳：　　　　　制单：

附件 3 张

图 4–2　记账凭证

记账凭证

2020 年 12 月 4 日　　　　　　　　　　　　　　　　　　　　　　　　第 003 号

摘要	总账科目	明细科目	借方金额 亿千百十万千百十元角分	贷方金额 亿千百十万千百十元角分	记账 √
设备安装完毕，投入使用	固定资产	设备	1 0 0 0 0 0 0 0		
	在建工程	设备		1 0 0 0 0 0 0 0	
	合计		¥ 1 0 0 0 0 0 0 0	¥ 1 0 0 0 0 0 0 0	

会计主管：　　　　　复核：　　　　　记账：　　　　　出纳：　　　　　制单：

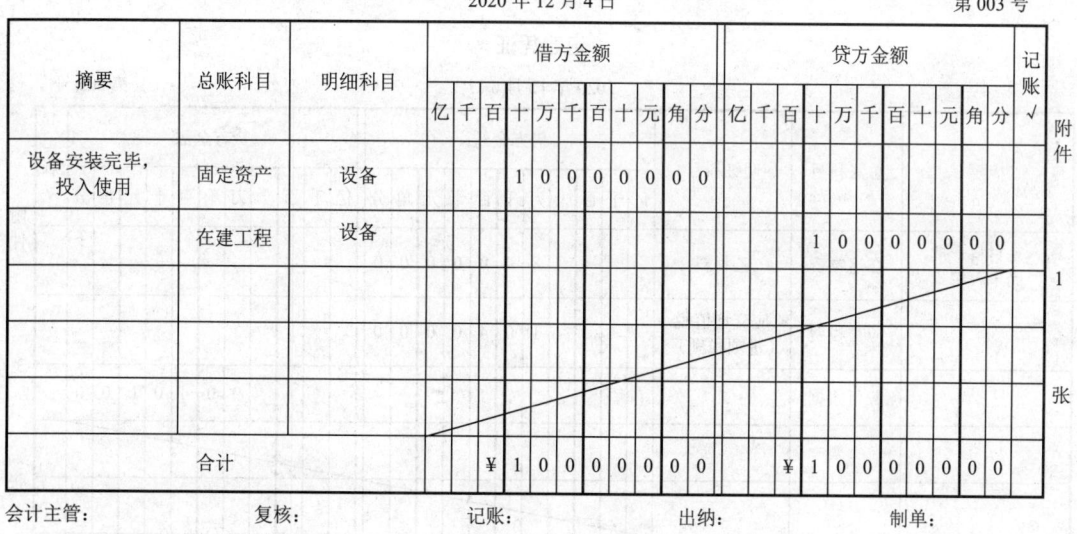

附件 1 张

图 4–3　记账凭证

（二）购入材料的计量及确认（实际成本法）

1. 材料验收入库的核算（见图4-4）

记账凭证

2020年12月5日　　　　　　　　　　　　　　　　　　　　　第004号

摘要	总账科目	明细科目	借方金额	贷方金额	记账√
购入甲材料一批，已入库	原材料	甲材料	500000		
	应交税费	应交增值税（进项税额）	65000		
	银行存款			565000	
	合计		¥565000	¥565000	

会计主管：　　　复核：　　　记账：　　　出纳：　　　制单：

图4-4　记账凭证

2. 材料未验收入库的核算（见图4-5和图4-6）

记账凭证

2020年12月6日　　　　　　　　　　　　　　　　　　　　　第005号

摘要	总账科目	明细科目	借方金额	贷方金额	记账√
购入乙材料一批，尚未入库	在途物资	乙材料	800000		
	应交税费	应交增值税（进项税额）	104000		
	应付票据			904000	
	合计		¥904000	¥904000	

会计主管：　　　复核：　　　记账：　　　出纳：　　　制单：

图4-5　记账凭证

记账凭证

2020 年 12 月 8 日   第 006 号

摘要	总账科目	明细科目	借方金额 亿千百十万千百十元角分	贷方金额 亿千百十万千百十元角分	记账 √
乙材料验收入库	原材料	乙材料	8 0 0 0 0 0 0		
	在途物资	乙材料		8 0 0 0 0 0 0	
合计			¥ 8 0 0 0 0 0 0	¥ 8 0 0 0 0 0 0	

附件 1 张

会计主管：　　　　复核：　　　　记账：　　　　出纳：　　　　制单：

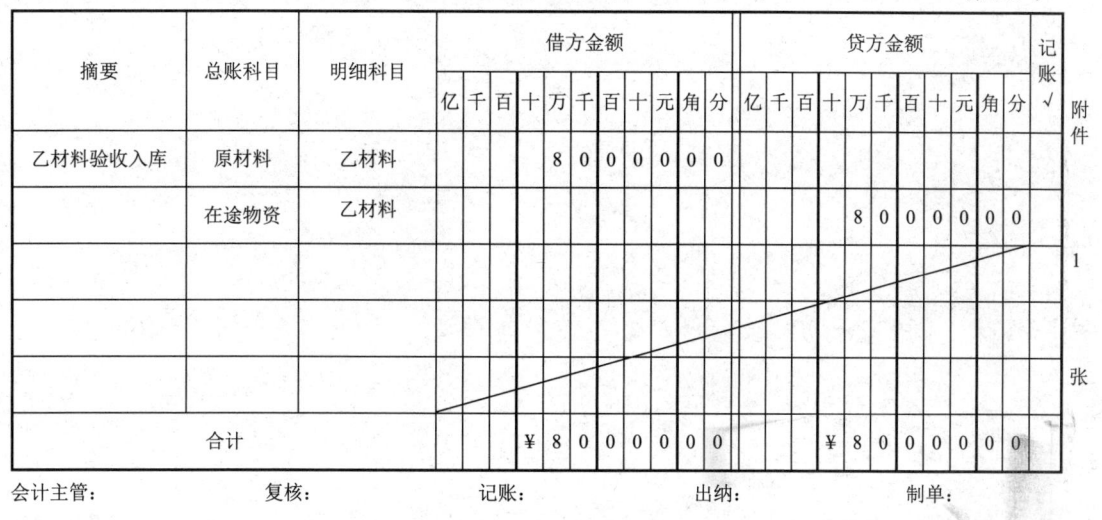

图 4-6　记账凭证

四、实务操作

任务一　购入需要安装的设备，款已付

凭证 4-1①

5300201130

云南省增值税专用发票

抵扣联

NO 00759180

开票日期：2020年12月8日

购货单位	名　　称：云南轻纺经贸有限公司 纳税人识别号：91530100MA6NQFJM4F 地址、电话：昆明市海埂路118号　0871-5656566 开户行及账号：工行海埂路支行　2502054173275417368	密码区	加密版本号：

货物或应税劳务名称	规格型号	单位	数量	单价	金额	税率	税额
整经机		套	1	1000000.00	1000000.00	13%	130000.00
合　计					¥1000000.00		¥130000.00
价税合计（大写）　⊕壹佰壹拾叁万元整					（小写）¥1130000.00		

销售单位	名　　称：云岭设备有限公司 纳税人识别号：915301006836958758 地址、电话：昆明市万全路26号　电话：0871-56217989 开户行及账号：工商银行万全路分行　2502054173275823974	备注	云岭设备有限公司 915301006836958758 发票专用章

收款人：秦方　　复核：孙枚　　开票人：周红　　销货单位（章）

第二联　抵扣联　购买方扣税凭证

61

凭证 4-1②

| 5300201130 | 云南省增值税专用发票 | NO 00759180 |

发票联

开票日期：2020年12月8日

购货单位	名　　称：云南轻纺经贸有限公司 纳税人识别号：91530100MA6NQFJM4F 地址、电话：昆明市海埂路118号 0871-5656566 开户行及账号：工行海埂路支行 2502054173275417368	密码区	加密版本号：

货物或应税劳务名称	规格型号	单位	数量	单价	金额	税率	税额
整经机		套	1	1000000.00	1000000.00	13%	130000.00
合　　计					¥1000000.00		¥130000.00

| 价税合计（大写） | ⊕壹佰壹拾叁万元整 | （小写）¥1130000.00 |

| 销售单位 | 名　　称：云岭设备有限公司
纳税人识别号：915301006836958758
地址、电话：昆明市万全路26号 电话：0871-56217989
开户行及账号：工商银行万全路分行 2502054173275823974 | 备注 | （云岭设备有限公司
915301006836958758
发票专用章） |

收款人：秦方　　复核：孙枚　　开票人：周红　　销货单位（章）：

第三联 发票联 购买方记账凭证

凭证 4-2

中国工商银行
转账支票存根　（滇）
BH006754857

附加信息＿＿＿＿＿＿＿＿＿＿
＿＿＿＿＿＿＿＿＿＿＿＿＿＿
＿＿＿＿＿＿＿＿＿＿＿＿＿＿

出票日期	2020年12月8日
收款人	云岭设备有限公司
金　额	¥1130000.00
用　途	支付设备款
单位主管 李晓	会计 张瑞

凭证 4-3

固定资产验收单

2020 年 12 月 8 日

供货单位：云岭设备有限公司

固定资产编号	固定资产名称	规格	单位	数量	金额	备注
001	整经机		套	1	1 000 000.00	

保管验收：陈小语　　　　　　　　　　　　　　　　　　　　采购员：王赐中

任务二　购入不需要安装的设备，款已付

凭证 4-4①

5300201130	云南省增值税专用发票	NO 00759191

开票日期：2020年12月9日

购货单位	名　　称：	云南轻纺经贸有限公司	密码区	加密版本号：
	纳税人识别号：	91530100MA6NQFJM4F		
	地址、电话：	昆明市海埂路118号　0871-5656566		
	开户行及账号：	工行海埂路支行 2502054173275417368		

货物或应税劳务名称	规格型号	单位	数量	单价	金额	税率	税额
电脑		台	10	10000.00	100000.00	13%	13000.00
合　　计					¥100000.00		¥13000.00

价税合计（大写）　⊕壹拾壹万叁仟元整　　　　　　　　　　（小写）¥113000.00

销售单位	名　　称：	云南华通电脑有限公司	备注
	纳税人识别号：	915300002165208817	
	地址、电话：	昆明市园西路26号 电话：5821 7989	
	开户行及账号：	工商银行园西路分行 2502054175634612367	

收款人：赵明　　　复核：孙浩　　　开票人：周清　　　销货单位（章）：

凭证 4-4②

5300201130　　　　　云南省增值税专用发票　　　　NO 00759191

发票联

开票日期：2020年12月9日

购货单位	名　　称：	云南轻纺经贸有限公司	密码区	加密版本号：
	纳税人识别号：	91530100MA6NQFJM4F		
	地址、电话：	昆明市海埂路118号　0871-5656566		
	开户行及账号：	工行海埂路支行 2502054173275417368		

货物或应税劳务名称	规格型号	单位	数量	单价	金额	税率	税额
电脑		台	10	10000.00	100000.00	13%	13000.00
合　　计					¥100000.00		¥13000.00

价税合计（大写）　⊕壹拾壹万叁仟元整　　　　　　　　（小写）¥113000.00

销售单位	名　　称：	云南华通电脑有限公司	备注	
	纳税人识别号：	915300002165208817		（云南华通电脑有限公司
	地址、电话：	昆明市园西路26号　电话：58217989		915300002165208817
	开户行及账号：	工商银行园西路分行 2502054175634612367		发票专用章）

收款人：　赵明　　　复核：　孙浩　　　开票人：　周清　　　销货单位（章）：

凭证 4-5

中国工商银行
转账支票存根　　（滇）

BH006754858

附加信息＿＿＿＿＿＿＿＿
＿＿＿＿＿＿＿＿＿＿＿＿
＿＿＿＿＿＿＿＿＿＿＿＿
＿＿＿＿＿＿＿＿＿＿＿＿

出票日期	2020年12月9日
收款人：	云南华通电脑有限公司
金　额：	¥113000.00
用　途：	购买电脑

单位主管　李晓　　会计　张瑞

凭证 4-6

固定资产验收单

2020 年 12 月 9 日

供货单位：云南华通电脑有限公司

固定资产编号	固定资产名称	规格	单位	数量	金额	备注
002	电脑		台	10	100000.00	

保管验收：陈小语　　　　　　　　　　　采购员：王赐中

任务三　支付设备安装调试费

凭证 4-7

5300201120　　　　云南省增值税普通发票　　　　NO 000089

发票联

开票日期：2020年12月10日

购货单位	名　称	云南轻纺经贸有限公司				密码区		加密版本号：	
	纳税人识别号	91530100MA6NQFJM4F							
	地址、电话	昆明市海埂路118号　0871-5656566							
	开户行及账号	工行海埂路支行　2502054173275417368							

货物或应税劳务名称	规格型号	单位	数量	单价	金额	税率	税额
安装整经机		套	1		44247.79	13%	5752.21
合　计					¥44247.79		¥5752.21

价税合计（大写）　壹佰壹拾叁万元整　　　　　（小写）¥50000.00

销售单位	名　称	云岭设备有限公司	备注	云岭设备有限公司
	纳税人识别号	915301006836958758		915301006836958758
	地址、电话	昆明市万全路26号　电话：0871-56217989		发票专用章
	开户行及账号	工商银行万全路分行　2502054173275823974		

收款人：秦方　　复核：孙枚　　开票人：周红　　销货单位（章）

凭证 4-8

```
中国工商银行
转账支票存根　　（琼）
BH00657859

附加信息＿＿＿＿＿＿＿＿＿＿
＿＿＿＿＿＿＿＿＿＿＿＿＿＿
＿＿＿＿＿＿＿＿＿＿＿＿＿＿

出票日期　2020年12月10日
收款人：　云岭设备有限公司
金　额：　¥50000.00
用　途：　支付安装调试费

单位主管　李晓　　会计　张瑞
```

任务四 设备达到预定可使用状态

凭证 4-9

设备安装验收单

合同编号				项目名称：机器设备			
供货单位（乙方）	云岭设备有限公司		供货单位项目负责人	姓名：刘伟			
				电话：13834159987			
合同金额	1000000.00		合同复印件（略）	有无变更	无		
安装地点	生产车间			完工日期	2020年12月11日		
验收设备清单：包括产品主机、随机备品备件、专用工具的名称及数量							
序号	设备名称	规格型号	单位	数量	单位	合计	安装详细地点
1	整经机		套	1	1000000.00	1000000.00	生产车间
2	安装调试费		套	1	50000.00	50000.00	生产车间
验收金额总计	壹佰零伍万元整					¥1050000.00	
验收意见	以上设备乙方已安装调试完成，经我单位按照合同的要求进行验收，意见如下：设备的品牌、外观、规格数量配件正确，经安装调试，验收合格，同意按合同约定付款。 使用单位验收人签名：　　　　　郑磊　　使用单位负责人签名：张轸 使用单位资产管理员签名：　　　陈凡　　使用单位签章： 　　　　　　　　　　　　　　　　　　　　日期：2020年12月11日						

任务五 取现备用

凭证 4-10

中国工商银行　　　　（滇）

XIV006754991

附加信息

出票日期　2020年12月11日

收款人：	云南轻纺经贸有限公司
金　额：	¥5000.00
用　途：	备用

单位主管　李晓　　会计　张瑞

71

任务六 购入材料且验收入库，款已付

凭证 4-11①

云南省增值税专用发票

抵扣联

5300201130　　　　　　　　　　　　　　　　　　　　　NO 23258112

开票日期：2020年12月11日

购货单位	名称：云南轻纺经贸有限公司
	纳税人识别号：91530100MA6NQFJM4F
	地址、电话：昆明市海埂路118号　0871-5656566
	开户行及账号：工行海埂路支行 2502054173275417368

货物或应税劳务名称	规格型号	单位	数量	单价	金额	税率	税额
棉花		kg	300000	29.00	8700000.00	13%	1131000.00
合计					¥8700000.00		¥1131000.00

价税合计（大写）：⊕玖佰捌拾叁万壹仟元整　　（小写）¥9831000.00

销售单位	名称：云南南疆商贸有限公司
	纳税人识别号：915304008967461174
	地址、电话：云南省安宁市宁泊路23号
	开户行及账号：工商银行宁泊分行 2502054179967534321

收款人：李妮　　复核：刘上　　开票人：张同　　销货单位（章）

凭证 4-11②

云南省增值税专用发票

发票联

5300201130　　　　　　　　　　　　　　　　　　　　　NO 23258112

开票日期：2020年12月11日

购货单位	名称：云南轻纺经贸有限公司
	纳税人识别号：91530100MA6NQFJM4F
	地址、电话：昆明市海埂路118号　0871-5656566
	开户行及账号：工行海埂路支行 2502054173275417368

货物或应税劳务名称	规格型号	单位	数量	单价	金额	税率	税额
棉花		kg	300000	29.00	8700000.00	13%	1131000.00
合计					¥8700000.00		¥1131000.00

价税合计（大写）：⊕玖佰捌拾叁万壹仟元整　　（小写）¥9831000.00

销售单位	名称：云南南疆商贸有限公司
	纳税人识别号：915304008967461174
	地址、电话：云南省安宁市宁泊路23号
	开户行及账号：工商银行宁泊分行 2502054179967534321

收款人：李妮　　复核：刘上　　开票人：张同　　销货单位（章）

凭证 4-12①

5300201130

云南省增值税专用发票
抵扣联

NO 23258113

开票日期：2020年12月11日

购货单位	名　　称：	云南轻纺经贸有限公司					密码区		加密版本号：	
	纳税人识别号：	91530100MA6NQFJM4F								
	地　址、电话：	昆明市海埂路118号　0871-5656566								
	开户行及账号：	工行海埂路支行 2502054173275417368								

货物或应税劳务名称	规格型号	单位	数量	单价	金额	税率	税额
运费		元	300000	0.30	90000.00	9%	8100.00
合　　　计					¥90000.00		¥8100.00

价税合计（大写）　⊕玖万捌仟壹佰元整　　　　　　　　　　（小写）¥98100.00

销售单位	名　　称：	云南南疆商贸有限公司
	纳税人识别号：	915304008967461174
	地　址、电话：	云南省安宁市宁泊路23号
	开户行及账号：	工商银行宁泊分行 2502054179967534321

收款人：李妮　　复核：刘上　　开票人：张同　　销货单位（章）：

（发票专用章：云南南疆商贸有限公司 915304008967461174）

凭证 4-12②

5300201130

云南省增值税专用发票
发票联

NO 23258113

开票日期：2020年12月11日

购货单位	名　　称：	云南轻纺经贸有限公司					密码区		加密版本号：	
	纳税人识别号：	91530100MA6NQFJM4F								
	地　址、电话：	昆明市海埂路118号　0871-5656566								
	开户行及账号：	工行海埂路支行 2502054173275417368								

货物或应税劳务名称	规格型号	单位	数量	单价	金额	税率	税额
运费		元	300000	0.30	90000.00	9%	8100.00
合　　　计					¥90000.00		¥8100.00

价税合计（大写）　⊕玖万捌仟壹佰元整　　　　　　　　　　（小写）¥98100.00

销售单位	名　　称：	云南南疆商贸有限公司
	纳税人识别号：	915304008967461174
	地　址、电话：	云南省安宁市宁泊路23号
	开户行及账号：	工商银行宁泊分行 2502054179967534321

收款人：李妮　　复核：刘上　　开票人：张同　　销货单位（章）：

（发票专用章：云南南疆商贸有限公司 915304008967461174）

凭证 4-13

材料验收单

年　月　日

供货单位：

材料编号	材料名称	规格	单位	数量	金额	备注

保管验收：　　　　　　　　　　　　采购员：

凭证 4-14

中国工商银行
转账支票存根　　（滇）

BH00657860

附加信息

出票日期　　2020年12月11日

收款人：云南南疆商贸有限公司

金　额：¥9929100.00

用　途：购买材料

单位主管　李晓　会计　张瑞

凭证 4-15①

云南省增值税专用发票 抵扣联

5300201130　　　　　　　　　　　　　　　　　　　　　NO 23258115

开票日期：2020年12月15日

购货单位	名　　称：云南轻纺经贸有限公司
	纳税人识别号：91530100MA6NQFJM4F
	地址、电话：昆明市海埂路118号　0871-5656566
	开户行及账号：工行海埂路支行　2502054173275417368

货物或应税劳务名称	规格型号	单位	数量	单价	金额	税率	税额
棉线		米	60000	12.00	720000.00	13%	93600.00
运费		元	60000	0.80	48000.00	9%	4320.00
合　　计					¥768000.00		¥97920.00
价税合计（大写）	⊕ 捌拾陆万伍仟玖佰贰拾元整				（小写）¥865920.00		

销售单位	名　　称：云南南疆商贸有限公司
	纳税人识别号：915304008967461174
	地址、电话：云南省安宁市宁泊路23号
	开户行及账号：工商银行宁泊分行　2502054179967534321

收款人：李妮　　复核：刘上　　开票人：张同　　销货单位（章）：

（南南疆商贸有限公司　915304008967461174　发票专用章）

凭证 4-15②

云南省增值税专用发票 发票联

5300201130　　　　　　　　　　　　　　　　　　　　　NO 23258115

开票日期：2020年12月15日

购货单位	名　　称：云南轻纺经贸有限公司
	纳税人识别号：91530100MA6NQFJM4F
	地址、电话：昆明市海埂路118号　0871-5656566
	开户行及账号：工行海埂路支行　2502054173275417368

货物或应税劳务名称	规格型号	单位	数量	单价	金额	税率	税额
棉线		米	60000	12.00	720000.00	13%	93600.00
运费		元	60000	0.80	48000.00	9%	4320.00
合　　计					¥768000.00		¥97920.00
价税合计（大写）	⊕ 捌拾陆万伍仟玖佰贰拾元整				（小写）¥865920.00		

销售单位	名　　称：云南南疆商贸有限公司
	纳税人识别号：915304008967461174
	地址、电话：云南省安宁市宁泊路23号
	开户行及账号：工商银行宁泊分行　2502054179967534321

收款人：李妮　　复核：刘上　　开票人：张同　　销货单位（章）：

（南南疆商贸有限公司　915304008967461174　发票专用章）

凭证 4-16

材料验收单

2020 年 12 月 15 日

供货单位：

材料编号	材料名称	规格	单位	数量	金额	备注

保管验收：　　　　　　　　　　　　采购员：

凭证 4-17

ICBC 中国工商银行	凭证
	业务回单（付款）
日期：2020 年 12 月 15 日	
回单编号：2010120012	
付款人户名：云南轻纺经贸有限公司	付款人开户行：昆明海埂路支行
付款人账号：2502054173275417368	
收款人户名：云南南疆商贸有限公司	收款人开户行：安宁市宁泊分行
收款人账号：2502054179967534321	
金额：捌拾陆万伍仟玖佰贰拾元整	小写：865920.00 元
业务种类：银财业务　凭证种类：000000000	凭证号码：0000000000000000
摘要：购买棉线　用途：购买棉线	币种：人民币
交易机构：0250200615　记账柜员：00935　交易代码：09756	渠道：其他
银行备注：行政区划：530000　凭证号：1240560021607773	用途：购买棉线

工商银行海埂路支行
2020.12.25
转账

任务七 购入材料未验收入库，款已付

凭证 4-18①

云南省增值税专用发票
抵扣联

		NO 23258114
5300201130		开票日期：2020年12月11日

购货单位：
- 名　称：云南轻纺经贸有限公司
- 纳税人识别号：91530100MA6NQFJM4F
- 地址、电话：昆明市海埂路118号　0871-5656566
- 开户行及账号：工行海埂路支行 2502054173275417368

货物或应税劳务名称	规格型号	单位	数量	单价	金额	税率	税额
棉花		kg	1000	30.00	30000.00	13%	3900.00
合　计					¥30000.00		¥3900.00

价税合计（大写）：⊗玖佰捌拾叁万壹仟元整　（小写）¥33900.00

销售单位：
- 名　称：云南南疆商贸有限公司
- 纳税人识别号：915304008967461174
- 地址、电话：云南省安宁市宁泊路23号
- 开户行及账号：工商银行宁泊分行 2502054179967534321

收款人：李妮　　复核：刘上　　开票人：张同　　销货单位（章）：

第二联 抵扣联 购买方扣税凭证

凭证 4-18②

云南省增值税专用发票
发票联

		NO 23258114
5300201130		开票日期：2020年12月11日

购货单位：
- 名　称：云南轻纺经贸有限公司
- 纳税人识别号：91530100MA6NQFJM4F
- 地址、电话：昆明市海埂路118号　0871-5656566
- 开户行及账号：工行海埂路支行 2502054173275417368

货物或应税劳务名称	规格型号	单位	数量	单价	金额	税率	税额
棉花		kg	1000	30.00	30000.00	13%	3900.00
合　计					¥30000.00		¥3900.00

价税合计（大写）：⊗玖佰捌拾叁万壹仟元整　（小写）¥33900.00

销售单位：
- 名　称：云南南疆商贸有限公司
- 纳税人识别号：915304008967461174
- 地址、电话：云南省安宁市宁泊路23号
- 开户行及账号：工商银行宁泊分行 2502054179967534321

收款人：李妮　　复核：刘上　　开票人：张同　　销货单位（章）：

第三联 发票联 购买方记账凭证

凭证 4-19①

5300201130　　　云南省增值税专用发票　　　NO 23258115
　　　　　　　　　　　抵扣联
　　　　　　　　　　　　　　　开票日期：2020年12月11日

购货单位	名　　称：云南轻纺经贸有限公司 纳税人识别号：91530100MA6NQFJM4F 地　址、电　话：昆明市海埂路118号　0871-5656566 开户行及账号：工行海埂路支行 2502054173275417368							密码区	加密版本号：	
货物或应税劳务名称	规格型号	单位	数量	单价	金额	税率	税额		
运费		元	1000	0.50	500.00	9%	45.00		
合　　计						¥500.00		¥45.00	
价税合计（大写）						⊕伍佰肆拾伍元整　　　（小写）¥545.00			
销售单位	名　　称：云南南疆商贸有限公司 纳税人识别号：915304008967461174 地　址、电　话：云南省安宁市宁泊路23号 开户行及账号：工商银行宁泊分行 2502054179967534321						备注	（南南疆商贸有限公司 915304008967461174 发票专用章）	
收款人：李妮　　复核：刘上　　开票人：张同　　销货单位（章）								

凭证 4-19②

5300201130　　　云南省增值税专用发票　　　NO 23258115
　　　　　　　　　　　发票联
　　　　　　　　　　　　　　　开票日期：2020年12月11日

购货单位	名　　称：云南轻纺经贸有限公司 纳税人识别号：91530100MA6NQFJM4F 地　址、电　话：昆明市海埂路118号　0871-5656566 开户行及账号：工行海埂路支行 2502054173275417368							密码区	加密版本号：	
货物或应税劳务名称	规格型号	单位	数量	单价	金额	税率	税额		
运费		元	1000	0.50	500.00	9%	45.00		
合　　计						¥500.00		¥45.00	
价税合计（大写）						⊕伍佰肆拾伍元整　　　（小写）¥545.00			
销售单位	名　　称：云南南疆商贸有限公司 纳税人识别号：915304008967461174 地　址、电　话：云南省安宁市宁泊路23号 开户行及账号：工商银行宁泊分行 2502054179967534321						备注	（南南疆商贸有限公司 915304008967461174 发票专用章）	
收款人：李妮　　复核：刘上　　开票人：张同　　销货单位（章）								

凭证 4-20

```
中国工商银行
转账支票存根      （滇）
BH00657860

附加信息_____

出票日期    2020年12月11日
收款人：云南南疆商贸有限公司
金  额：¥34445.00
用  途：购买材料
单位主管  李晓   会计  张瑞
```

任务八 支付预付款

凭证 4-21①

收 款 收 据

收款日期：2020 年 12 月 12 日　　　　　　　　　　　　　　　　　　No.23458

今收到	云南轻纺经贸有限公司	
交 来：	预付款	
人民币（大写）	捌仟元整	¥ 8,000.00
备注		

收款单位：　　　　　　　　　收款人：周州　　　　　　　　经办人：彭智

凭证 4-21②

```
中国工商银行
转账支票存根      （滇）
BH00657851

附加信息_____

出票日期    2020年12月12日
收款人：云南顺达商贸有限公司
金  额：¥8000.00
用  途：预付款
单位主管  李晓   会计  张瑞
```

任务九　购买材料已验收入库，款未付

凭证 4-22①

5300201130　　　　　云南省增值税专用发票　　　NO 00759201

抵扣联

开票日期：2020年12月12日

购货单位	名称：云南轻纺经贸有限公司 纳税人识别号：91530100MA6NQFJM4F 地址、电话：昆明市海埂路118号　0871-5858566 开户行及账号：工行海埂路支行　2502054173275417368

货物或应税劳务名称	规格型号	单位	数量	单价	金额	税率	税额
涤纶丝		吨	1000	98	98000.00	13%	12740.00
运费		元	1000	1.20	1200.00	9%	108.00
合计					¥99200.00		¥12848.00

价税合计（大写）：壹拾壹万贰仟零肆拾捌元整　（小写）¥112048.00

销售单位	名称：云南立特纺织品有限公司 纳税人识别号：915302502768968041 地址、电话：昆明市广福路72号　电话：0871-73217965 开户行及账号：工商银行广福路分行　25020523695445679689

收款人：蔡丽　　复核：邓芳　　开票人：刘楠　　销货单位（章）：

凭证 4-22②

5300201130　　　　　云南省增值税专用发票　　　NO 00759201

发票联

开票日期：2020年12月12日

购货单位	名称：云南轻纺经贸有限公司 纳税人识别号：91530100MA6NQFJM4F 地址、电话：昆明市海埂路118号　0871-5858566 开户行及账号：工行海埂路支行　2502054173275417368

货物或应税劳务名称	规格型号	单位	数量	单价	金额	税率	税额
涤纶丝		吨	1000	98	98000.00	13%	12740.00
运费		元	1000	1.20	1200.00	9%	108.00
合计					¥99200.00		¥12848.00

价税合计（大写）：壹拾壹万贰仟零肆拾捌元整　（小写）¥112048.00

销售单位	名称：云南立特纺织品有限公司 纳税人识别号：915302502768968041 地址、电话：昆明市广福路72号　电话：0871-73217965 开户行及账号：工商银行广福路分行　25020523695445679689

收款人：蔡丽　　复核：邓芳　　开票人：刘楠　　销货单位（章）：

凭证 4-23

材料验收单

2020 年 12 月 13 日

供货单位：

材料编号	材料名称	规格	单位	数量	金额	备注

保管验收：　　　　　　　　　　　　采购员：

任务十　支付购买材料货款

凭证 4-24

```
中国工商银行
转账支票存根　　（滇）
BH006754860

附加信息_____
_____
_____

出票日期　　2020年12月14日
收款人：云南立特纺织品有限公司
金　额：¥112048.00
用　途：购买材料

单位主管　李晓　　会计　张瑞
```

任务十一　材料验收入库

凭证 4-25

材料验收单

供货单位：

材料编号	材料名称	规格	单位	数量	金额	备注

保管验收：　　　　　　　　　　　　采购员：

任务十二　预付款购入材料，材料验收入库

凭证 4-26①

5300201130		云南省增值税专用发票 抵扣联				NO 23258612	
						开票日期：2020年12月15日	

购货单位	名　称：云南轻纺经贸有限公司 纳税人识别号：91530100MA6NQFJM4F 地　址、电话：昆明市海埂路118号　0871-5656566 开户行及账号：工行海埂路支行　2502054173275417368	密码区	加密版本号：

货物或应税劳务名称	规格型号	单位	数量	单价	金额	税率	税额
纱线		米	900	20.00	18000.00	13%	2340.00
合　计					¥18000.00		¥2340.00
价税合计（大写）	⊕贰万零叁佰肆拾元整				（小写）¥20340.00		

销售单位	名　称：云南顺达商贸有限公司 纳税人识别号：915301217998961503 地　址、电话：昆明市外环路48号　0871-78996432 开户行及账号：工商银行外环分行　2502036717832364	备注	（云南顺达商贸有限公司 915301217998961503 发票专用章）

收款人：贾琳　　复核：刘彤　　开票人：张丹　　销货单位（章）：

凭证 4-26②

5300201130		云南省增值税专用发票 发票联				NO 23258612	
						开票日期：2020年12月15日	

购货单位	名　称：云南轻纺经贸有限公司 纳税人识别号：91530100MA6NQFJM4F 地　址、电话：昆明市海埂路118号　0871-5656566 开户行及账号：工行海埂路支行　2502054173275417368	密码区	加密版本号：

货物或应税劳务名称	规格型号	单位	数量	单价	金额	税率	税额
纱线		米	900	20.00	18000.00	13%	2340.00
合　计					¥18000.00		¥2340.00
价税合计（大写）	⊕贰万零叁佰肆拾元整				（小写）¥20340.00		

销售单位	名　称：云南顺达商贸有限公司 纳税人识别号：915301217998961503 地　址、电话：昆明市外环路48号　0871-78996432 开户行及账号：工商银行外环分行　2502036717832364	备注	（云南顺达商贸有限公司 915301217998961503 发票专用章）

收款人：贾琳　　复核：刘彤　　开票人：张丹　　销货单位（章）：

凭证 4-27

材料验收单

2020 年 12 月 15 日

供货单位：

材料编号	材料名称	规格	单位	数量	金额	备注

保管验收：　　　　　　　　　　采购员：

凭证 4-28

中国工商银行
转账支票存根　　（滇）

BH006754861

附加信息＿＿＿＿＿＿＿
＿＿＿＿＿＿＿＿＿＿＿
＿＿＿＿＿＿＿＿＿＿＿
＿＿＿＿＿＿＿＿＿＿＿

出票日期　　2020年12月15日

收款人：	云南顺达商贸有限公司
金　额：	¥12340.00
用　途：	购买材料

单位主管　李晓　会计　张瑞

项目五

生 产 过 程

一、实训目标

通过本节相关知识的具体操作实训,让学生将所学的有关生产的各种情况熟练地应用到实际工作中,并在实际工作中融会贯通。

二、知识点回顾

(一)生产过程核算的内容

企业在生产过程中,会发生消耗的材料费、固定资产磨损的折旧费、生产工人劳动耗费的人工费、车间管理人员的工资等,这些费用的发生都需要按照产品的种类进行归集和分配,最终计算出产品成本。所涉及的账户有"生产成本""制造费用""管理费用""销售费用""财务费用""累计折旧""应付职工薪酬""库存商品"等有关账户,下面简要介绍几种:

(二)生产过程核算的账户

1."生产成本"账户

"生产成本"账户核算的内容包括直接材料费用(原材料)、直接人工费用(生产工人工资和福利费用)、间接费用(制造费用转入)。

2."制造费用"账户

"制造费用"账户核算的内容包括车间管理人员的工资和福利费、车间设备的折旧费和修理费、生产车间的办公费、水电费和劳动保护费。

3."管理费用"账户

"管理费用"账户核算的内容包括行政管理部门的职工薪酬、差旅费,行政管理部门的资产修理费、固定资产折旧费、物料消耗、低值易耗品摊销、水电费,行政管理部门的咨询费、诉讼费、业务招待费、技术转让费、矿产资源补偿费、研究费、排污费等。

4."累计折旧"账户

"累计折旧"账户核算的内容包括固定资产因磨损而减少的价值,按月计提的固定资产折旧数。

5. "应付职工薪酬"账户

"应付职工薪酬"账户核算的内容包括工资、奖金、津贴、补贴、职工福利费、住房公积金、社会保险费、工会经费和职工教育经费、非货币性福利、因与职工解除劳动关系而给予职工的补偿、其他与职工获得提供服务相关的支出。

6. "库存商品"账户

"库存商品"账户核算的内容包括生产完工并验收入库产品的实际成本。

三、典型业务示例

1. 生产领用原材料（见图5-1）

记账凭证

2020年12月1日 第001号

摘要	总账科目	明细科目	借方金额（亿千百十万千百十元角分）	贷方金额（亿千百十万千百十元角分）	记账√	附件
领用原材料	生产成本	A产品	1 9 0 0 0 0 0			
	制造费用	耗材	6 0 0 0 0 0			
	管理费用	耗材	2 0 0 0 0 0			3张
	原材料	甲材料		6 0 0 0 0 0		
		乙材料		2 1 0 0 0 0 0		
	合计		¥ 2 7 0 0 0 0 0	¥ 2 7 0 0 0 0 0		

会计主管： 复核： 记账： 出纳： 制单：

图5-1 记账凭证

2. 分配工资（见图5-2）

记账凭证

2020年12月15日 第002号

摘要	总账科目	明细科目	借方金额（亿千百十万千百十元角分）	贷方金额（亿千百十万千百十元角分）	记账√	附件
分配工资	生产成本	A产品	8 0 0 0 0 0			
		B产品	7 0 0 0 0 0			
	制造费用	工资	9 0 0 0 0 0			1张
	管理费用	工资	8 0 0 0 0 0			
	应付职工薪酬	工资		1 6 7 0 0 0 0 0		
	合计		¥ 1 6 7 0 0 0 0 0	¥ 1 6 7 0 0 0 0 0		

会计主管： 复核： 记账： 出纳： 制单：

图5-2 记账凭证

3. 购买设备（见图5-3）

记账凭证

2020年12月16日　　　　　　　　　　　　　　　　　　　　　　第003号

摘要	总账科目	明细科目	借方金额 亿千百十万千百十元角分	贷方金额 亿千百十万千百十元角分	记账 √
购买设备，已投入使用	固定资产	A设备	3 0 0 0 0 0 0		附件
		B设备	4 0 0 0 0 0 0		
	应交税费	应交增值税（进项税额）	9 1 0 0 0 0		5
	银行存款	××银行		7 9 1 0 0 0 0	张
	合计		¥7 9 1 0 0 0 0	¥7 9 1 0 0 0 0	

会计主管：　　　　　复核：　　　　　记账：　　　　　出纳：　　　　　制单：

图5-3　记账凭证

4. 报销费用（见图5-4）

记账凭证

2020年12月16日　　　　　　　　　　　　　　　　　　　　　　第004号

摘要	总账科目	明细科目	借方金额 亿千百十万千百十元角分	贷方金额 亿千百十万千百十元角分	记账 √
报销办公费、差旅费	管理费用	办公费	8 0 0 0 0		附件
		差旅费	8 0 0 0 0 0		
	应交税费	应交增值税（进项税额）	5 8 4 0 0		3
	银行存款	××银行		9 3 8 4 0 0	张
	合计		¥　9 3 8 4 0 0	¥　9 3 8 4 0 0	

会计主管：　　　　　复核：　　　　　记账：　　　　　出纳：　　　　　制单：

图5-4　记账凭证

5. 分配制造费用（见图 5-5）

记账凭证

2020 年 12 月 18 日　　　　　　　　　　　　　　　　　　　第 005 号

摘要	总账科目	明细科目	借方金额 亿千百十万千百十元角分	贷方金额 亿千百十万千百十元角分	记账√	附件
分配制造费用	生产成本	甲产品	6 0 0 0 0 0			
		乙产品	4 0 0 0 0 0			
	制造费用	工资、耗材		1 0 0 0 0 0 0		1 张
	合计		¥ 1 0 0 0 0 0 0	¥ 1 0 0 0 0 0 0		

会计主管：　　　　　复核：　　　　记账：　　　　出纳：　　　　制单：

图 5-5　记账凭证

6. 结转产品成本（见图 5-6）

记账凭证

2020 年 12 月 20 日　　　　　　　　　　　　　　　　　　　第 006 号

摘要	总账科目	明细科目	借方金额 亿千百十万千百十元角分	贷方金额 亿千百十万千百十元角分	记账√	附件
结转产品成本	库存商品	甲产品	1 0 0 0 0 0 0			
		乙产品	7 0 0 0 0 0			
	生产成本	甲产品		1 0 0 0 0 0 0		1 张
		乙产品		7 0 0 0 0 0		
	合计		¥ 1 7 0 0 0 0 0	¥ 1 7 0 0 0 0 0		

会计主管：　　　　　复核：　　　　记账：　　　　出纳：　　　　制单：

图 5-6　记账凭证

四、实务操作

任务一　购入设备

2020 年 11 月 25 日，云南轻纺经贸有限公司购入挤压机 1 台，价格 50 000 元，税金 6 500 元；购入机床 1 台，价格 200 000 元，税金 26 000 元；购入打印机 2 台，价格 10 000 元，税金 1 300 元；款项用银行存款支付。

凭证 5-1

中国工商银行 转账支票存根（滇） XIV006756321	中国工商银行 转账支票　　XIV006754852
附加信息_____	出票日期（大写）　年　月　日 付款行名称： 收款人：　　出票人账号： 人民币（大写）　亿千百十万千百十元角分 用途：_____
出票日期 2020 年 11 月 25 日	上列款项请从我账户内支付 出票人签章　　云南轻纺经贸有限公司财务专用章　　复核　记账　张钐
收款人：广东机械制造有限公司	
金　额：¥282,500.00	
用　途：支付设备费	
单位主管　　会计	

凭证 5-2①

4400084160　　　　广东省增值税专用发票　　　　No 00752231

开票日期：2020 年 11 月 25 日

购货单位	名　称：	云南轻纺经贸有限公司	密码区	加密版本号：
	纳税人识别号：	91530100MA6NQFJM4F		
	地址、电话：	昆明市海垾路 118 号　0871-5656566		
	开户行及账号：	工行海垾路支行 25020 5417 3275 417368		

货物或应税劳务名称	规格型号	单位	数量	单价	金额	税率	税额
挤压机	JYJ-001	台	1	50000.00	50000.00	13%	6500.00
合　计					¥50000.00		¥6500.00

价税合计(大写)	⊕伍万陆仟伍佰元整		（小写）¥56500.00

销售单位	名　称：	广东机械制造有限公司	备注	购入无须安装的挤压机
	纳税人识别号：	440102598215762		
	地址、电话：	广州市万全路 26 号　电话：5621 7989		
	开户行及账号：	工行广州市分行 1549 5236 9547 5679 652		

收款人：李红　　复核：白云　　开票人：周青　　销货单位(章)

凭证 5-2②

4400084160

广东省增值税专用发票

No 00752231

发票联

开票日期：2020 年 11 月 25 日

购货单位	名　　称：	云南轻纺经贸有限公司	密码区	加密版本号：			
	纳税人识别号：	91530100MA6NQFJM4F					
	地址、电话：	昆明市海埂路 118 号 0871-5656566					
	开户行及账号：	工行海埂路支行 25020 5417 3275 417368					

货物或应税劳务名称	规格型号	单位	数量	单价	金额	税率	税额
挤压机	JYJ-001	台	1	50000.00	50000.00	13%	6500.00
合　　计					¥50000.00		¥6500.00

价税合计(大写)	⊕伍万陆仟伍佰元整	(小写) ¥56500.00

销售单位	名　　称：	广东机械制造有限公司	备注	购入无须安装的挤压机
	纳税人识别号：	440102598215762		
	地址、电话：	广州市万全路 26 号 电话：5621 7989		
	开户行及账号：	工行广州市分行 1549 5236 9547 5679 652		

收款人：李红　　　　复核：白云　　　　开票：周青

凭证 5-3①

4400084160

广东省增值税专用发票

No 00075224

抵扣联

开票日期：2020 年 11 月 25 日

购货单位	名　　称：	云南轻纺经贸有限公司	密码区	加密版本号：			
	纳税人识别号：	91530100MA6NQFJM4F					
	地址、电话：	昆明市海埂路 118 号 0871-5656566					
	开户行及账号：	工行海埂路支行 25020 5417 3275 417368					

货物或应税劳务名称	规格型号	单位	数量	单价	金额	税率	税额
机床	JC-002	台	1	200000.00	200000.00	13%	26000.00
合　　计					¥200000.00		¥26000.00

价税合计(大写)	⊕贰拾贰万陆仟元整	(小写) ¥226000.00

销售单位	名　　称：	广东机械制造有限公司	备注	购入无须安装的挤压机
	纳税人识别号：	440102598215762		
	地址、电话：	广州市万全路 26 号 电话：5621 7989		
	开户行及账号：	工行广州市分行 1549 5236 9547 5679 652		

收款人：李红　　　　复核：白云　　　　开票：周青

凭证 5-3②

4400084160

广东省增值税专用发票

No 00075224

发票联

开票日期：2020 年 11 月 25 日

购货单位	名　　称	云南轻纺经贸有限公司	密码区		加密版本号：	
	纳税人识别号	91530100MA6NQFJM4F				
	地址、电话	昆明市海埂路 118 号　0871-5656566				
	开户行及账号	工行海埂路支行 25020 5417 3275 417368				

货物或应税劳务名称	规格型号	单位	数量	单价	金额	税率	税额
机床	JC-002	台	1	200000.00	200000.00	13%	26000.00
合　　计					¥200000.00		¥26000.00

价税合计（大写）	⊕贰拾贰万陆仟元整	（小写）¥226000.00

销售单位	名　　称	广东机械制造有限公司	备注	购入无须安装的机器制造
	纳税人识别号	440102598215762		
	地址、电话	广州市万全路 26 号　电话：5621 7989		
	开户行及账号	工行广州市分行 1549 5236 9547 5679 652		

收款人：李红　　复核：白云　　开票人：周青

第三联 发票联 购货方报销凭证

凭证 5-4

固定资产验收单

2020年11月25日

供货单位：广东机械制造有限公司

固定资产编号	固定资产名称	规格	单位	数量	金额	备注
SC001	挤压机	JYJ-001	台	1	50000.00	
SC002	机床	JC-002	台	1	200000.00	

保管验收：林小峰　　　　　　　　　　　　采购员：陈林

凭证 5-5

商品购销合同

甲方：云南轻纺经贸有限公司

乙方：广东机械制造有限公司

经甲乙双方友好协商，就甲方购买乙方的设备达成如下协议：

一、甲方于 2020 年 9 月 18 日购买乙方挤压机 1 台，单价 50 000 元，税金 6 500 元，价税合计金额 565 00 元，人民币（人民币大写：伍万陆仟伍佰元整）；购买乙方机床 1 台，单价 200 000 元，税金 26 000 元，价税合计 226 000 元（人民币大写：贰拾贰万陆仟元整）。

乙方 10 月 20 日前供货，运费由乙方承担，货到付款。

二、乙方必须确保商品质量，如发现商品有问题，甲方可退货，并由乙方赔偿甲方损失。

三、同时乙方为甲方提供 5 年的保修期。

四、如有违约，即向对方支付违约金 20 000 元，人民币（大写）贰万元整，并赔偿因违约给对方造成的经济损失。

以上协议甲乙双方各执壹份，如有异议，另签补充协议，补充协议同本协议具有同等法律效力。

甲方：云南轻纺经贸有限公司　　　　　　　　乙方：广东机械制造有限公司

代表签字：彭东　　　　　　　　　　　　　　代表签字：张欢

日期 2020 年 9 月 18 日　　　　　　　　　　日期 2020 年 9 月 18 日

凭证 5-6

固定资产验收单

2020 年 11 月 25 日

供货单位：云岭商贸有限公司

固定资产编号	固定资产名称	规格	单位	数量	金额	备注
GL001	打印复印一体机	DYJ-001	台	1	5000.00	
GL002	打印复印一体机	DYJ-001	台	1	5000.00	

保管验收：林小峰　　　　　　　　　　　　　　采购员：陈林

凭证 5-7

资产领用单

2020 年 11 月 25 日

供货单位：云岭商贸有限公司

领用部门	资产名称	规格	单位	数量	金额	领用人签名
行政管理部门	打印复印一体机	DYJ-001	台	1	5000.00	
行政管理部门	打印复印一体机	DYJ-001	台	1	5000.00	

审核人：林峰　　　　　　　　　　　　　　　　制表人：王林

凭证 5-8①

云南省增值税专用发票

No 232892

开票日期：2020 年 11 月 25 日

购货单位	名　　称	云南轻纺经贸有限公司	密码区	加密版本号：		
^	纳税人识别号	91530100MA6NQFJM4F	^			
^	地址、电话	昆明市海埂路 118 号　0871-5656566	^			
^	开户行及账号	工行海埂路支行 25020 5417 3275 417368	^			

货物或应税劳务名称	规格型号	单位	数量	单价	金额	税率	税额
打印复印一体机	HP5200	台	2	5000.00	10000.00	13%	1300.00
合　　计					¥10000.00		¥1300.00

价税合计(大写)	⊕壹万壹仟叁佰元整	（小写）¥11300.00		
销售单位	名　　称	云岭商贸有限公司	备注	
^	纳税人识别号	9153 0100 2177 9023 56	^	
^	地址、电话	昆明市董家湾 48 号	^	
^	开户行及账号	中国银行昆明市分行 137235817849	^	

收款人：李妮　　　复核：刘上　　　开票人：张同

第二联　抵扣联　购货方扣税凭证

凭证 5-8②

云南省增值税专用发票

No 232892

开票日期：2020 年 11 月 25 日

购货单位	名　　称	云南轻纺经贸有限公司	密码区	加密版本号：		
^	纳税人识别号	91530100MA6NQFJM4F	^			
^	地址、电话	昆明市海埂路 118 号　0871-5656566	^			
^	开户行及账号	工行海埂路支行 25020 5417 3275 417368	^			

货物或应税劳务名称	规格型号	单位	数量	单价	金额	税率	税额
打印复印一体机	HP5200	台	2	5000.00	10000.00	13%	1300.00
合　　计					¥10000.00		¥1300.00

价税合计(大写)	⊕壹万壹仟叁佰元整	（小写）¥11300.00		
销售单位	名　　称	云岭商贸有限公司	备注	
^	纳税人识别号	9153 0100 2177 9023 56	^	
^	地址、电话	昆明市董家湾 48 号	^	
^	开户行及账号	中国银行昆明市分行 137235817849	^	

收款人：李妮　　　复核：刘上　　　开票人：张同

第三联　发票联　购货方报销凭证

凭证 5-9

中国工商银行信汇单（回单）

2020 年 11 月 25 日

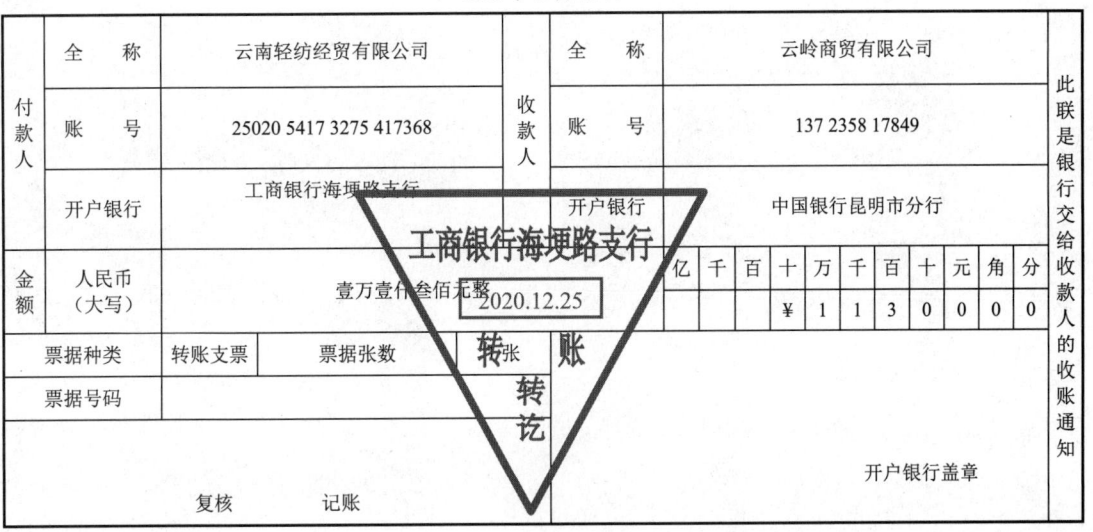

付款人	全称	云南轻纺经贸有限公司	收款人	全称	云岭商贸有限公司	此联是银行交给收款人的收账通知
	账号	25020 5417 3275 417368		账号	137 2358 17849	
	开户银行	工商银行海埂路支行		开户银行	中国银行昆明市分行	
金额	人民币（大写）	壹万壹仟叁佰元整			亿千百十万千百十元角分 ￥ 1 1 3 0 0 0 0	
票据种类	转账支票	票据张数				
票据号码						
					开户银行盖章	
	复核	记账				

（印章：工商银行海埂路支行 2020.12.25 转讫）

任务二　领　用　材　料

2020 年 12 月 19 日，云南轻纺经贸有限公司生产领用原材料一批。

凭证 5-10

领料单（记账联）

领料部门：车间管理部门　　　开单日期：2020 年 12 月 19 日
发料仓库：1 号仓库　　　　　发料日期：2020 年 12 月 19 日　　限　　天有效

货位编号	材料名称	型号规格	单位	数量		单价	金额
				请领	实领		
	棉花		公斤	3000	3000	29.3	87900

领料根据及用途：

发料：林木　　材料计划：　　　　领料主管：陈成　　　领料：张晓

111

凭证 5-11

领料单（记账联）

领料部门：基本生产车间　　　开单日期：2020 年 12 月 19 日

发料仓库：1 号仓库　　　　　发料日期：2020 年 12 月 19 日　　　限　　　天有效

货位编号	材料名称	型号规格	单位	数量 请领	数量 实领	单价	金额
	棉花		公斤	10000	10000	29.30	293000
领料根据及用途：生产棉布

发料：林木　　　材料计划：　　　领料主管：陈成　　　领料：张晓

凭证 5-12

领料单（记账联）

领料部门：基本生产车间　　　开单日期：2020 年 12 月 19 日

发料仓库：1 号仓库　　　　　发料日期：2020 年 12 月 19 日　　　限　　　天有效

货位编号	材料名称	型号规格	单位	数量 请领	数量 实领	单价	金额
	棉花		公斤	100000	100000	29.30	2930000
领料根据及用途：生产棉纱

发料：林木　　　材料计划：　　　领料主管：陈成　　　领料：张晓

凭证 5-13

领料单（记账联）

领料部门：销售部门　　　开单日期：2020 年 12 月 19 日

发料仓库：1 号仓库　　　　发料日期：2020 年 12 月 19 日　　　限　　　天有效

货位编号	材料名称	型号规格	单位	数量 请领	数量 实领	单价	金额
	棉花		公斤	200	200	29.30	5860
领料根据及用途：

发料：林木　　　材料计划：　　　领料主管：陈成　　　领料：张晓

凭证 5-3②

4400084160

广东省增值税专用发票

No 00075224

发票联

开票日期：2020 年 11 月 25 日

购货单位	名称：	云南轻纺经贸有限公司				密码区		加密版本号：	
	纳税人识别号：	91530100MA6NQFJM4F							
	地址、电话：	昆明市海埂路 118 号 0871-5656566							
	开户行及账号：	工行海埂路支行 25020 5417 3275 417368							
货物或应税劳务名称		规格型号	单位	数量	单价	金额		税率	税额
机床		JC-002	台	1	200000.00	200000.00		13%	26000.00
合 计						¥200000.00			¥26000.00
价税合计(大写)		⊕贰拾贰万陆仟元整						（小写）¥226000.00	
销售单位	名称：	广东机械制造有限公司				备注	购入无须安装的机械		
	纳税人识别号：	440102598215762							
	地址、电话：	广州市万全路 26 号 电话：5621 7989							
	开户行及账号：	工行广州市分行 1549 5236 9547 5679 652							

收款人：李红　　复核：白云　　开票人：周青　　销货单位：（章）

凭证 5-4

固定资产验收单

2020年11月25日

供货单位：广东机械制造有限公司

固定资产编号	固定资产名称	规格	单位	数量	金额	备注
SC001	挤压机	JYJ-001	台	1	50000.00	
SC002	机床	JC-002	台	1	200000.00	

保管验收：林小峰　　　　　　　　　采购员：陈林

凭证 5-5

商品购销合同

甲方：云南轻纺经贸有限公司

乙方：广东机械制造有限公司

经甲乙双方友好协商，就甲方购买乙方的设备达成如下协议：

一、甲方于 2020 年 9 月 18 日购买乙方挤压机 1 台，单价 50 000 元，税金 6 500 元，价税合计金额 565 000 元，人民币（人民币大写：伍万陆仟伍佰元整）；购买乙方机床 1 台，单价 200 000 元，税金 26 000 元，价税合计 226 000 元（人民币大写：贰拾贰万陆仟元整）。

乙方10月20日前供货，运费由乙方承担，货到付款。

二、乙方必须确保商品质量，如发现商品有问题，甲方可退货，并由乙方赔偿甲方损失。

三、同时乙方为甲方提供5年的保修期。

四、如有违约，即向对方支付违约金20 000元，人民币（大写）贰万元整，并赔偿因违约给对方造成的经济损失。

以上协议甲乙双方各执壹份，如有异议，另签补充协议，补充协议同本协议具有同等法律效力。

甲方：云南轻纺经贸有限公司　　　　　　乙方：广东机械制造有限公司

代表签字：彭东　　　　　　　　　　　　代表签字：张欢

日期2020年9月18日　　　　　　　　　　日期2020年9月18日

凭证5-6

固定资产验收单

2020年11月25日

供货单位：云岭商贸有限公司

固定资产编号	固定资产名称	规格	单位	数量	金额	备注
GL001	打印复印一体机	DYJ-001	台	1	5000.00	
GL002	打印复印一体机	DYJ-001	台	1	5000.00	

保管验收：林小峰　　　　　　　　　　　采购员：陈林

凭证5-7

资产领用单

2020年11月25日

供货单位：云岭商贸有限公司

领用部门	资产名称	规格	单位	数量	金额	领用人签名
行政管理部门	打印复印一体机	DYJ-001	台	1	5000.00	
行政管理部门	打印复印一体机	DYJ-001	台	1	5000.00	

审核人：林峰　　　　　　　　　　　　　制表人：王林

凭证 5-8①

云南省增值税专用发票

No 232892

开票日期：2020 年 11 月 25 日

购货单位	名　　称	云南轻纺经贸有限公司	密码区	加密版本号：		
	纳税人识别号	91530100MA6NQFJM4F				
	地址、电话	昆明市海埂路 118 号　0871-5656566				
	开户行及账号	工行海埂路支行 25020 5417 3275 417368				
货物或应税劳务名称	规格型号	单位	数量	单价	金额	税率	税额
打印复印一体机	HP5200	台	2	5000.00	10000.00	13%	1300.00
合　　计					¥10000.00		¥1300.00
价税合计(大写)	⊕壹万壹仟叁佰元整				(小写) ¥11300.00		
销售单位	名　　称	云岭商贸有限公司	备注			
	纳税人识别号	9153 0100 2177 9023 56				
	地址、电话	昆明市董家湾 48 号				
	开户行及账号	中国银行昆明市分行 137235817849				

收款人：李妮　　复核：刘上　　开票人：张同

第二联　抵扣联　购货方扣税凭证

凭证 5-8②

云南省增值税专用发票

No 232892

开票日期：2020 年 11 月 25 日

购货单位	名　　称	云南轻纺经贸有限公司	密码区	加密版本号：		
	纳税人识别号	91530100MA6NQFJM4F				
	地址、电话	昆明市海埂路 118 号　0871-5656566				
	开户行及账号	工行海埂路支行 25020 5417 3275 417368				
货物或应税劳务名称	规格型号	单位	数量	单价	金额	税率	税额
打印复印一体机	HP5200	台	2	5000.00	10000.00	13%	1300.00
合　　计					¥10000.00		¥1300.00
价税合计(大写)	⊕壹万壹仟叁佰元整				(小写) ¥11300.00		
销售单位	名　　称	云岭商贸有限公司	备注			
	纳税人识别号	9153 0100 2177 9023 56				
	地址、电话	昆明市董家湾 48 号				
	开户行及账号	中国银行昆明市分行 137235817849				

收款人：李妮　　复核：刘上　　开票人：张同

第三联　发票联　购货方报销凭证

凭证 5-9

中国工商银行信汇单（回单）

2020 年 11 月 25 日

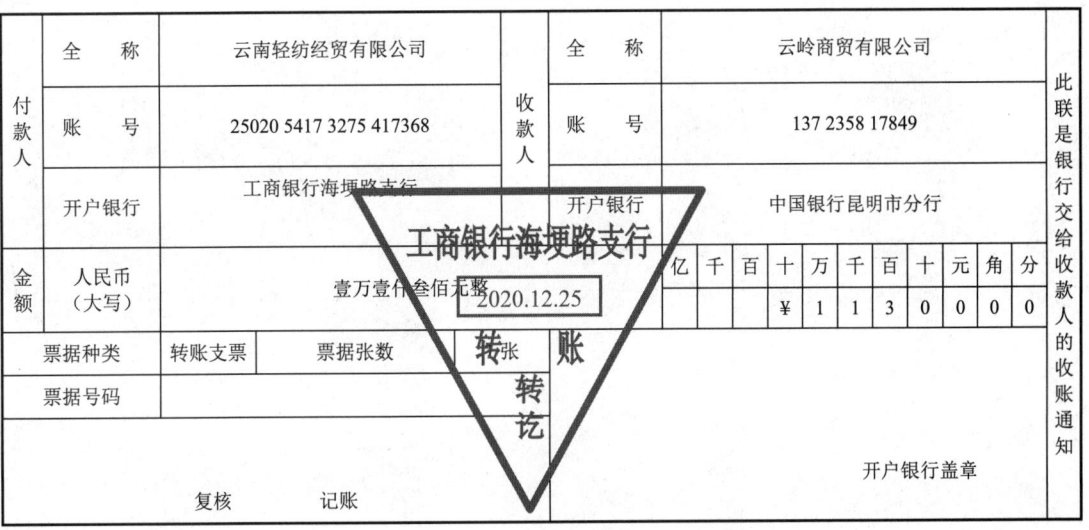

<table>
<tr><td rowspan="5">付款人</td><td>全　称</td><td colspan="3">云南轻纺经贸有限公司</td><td rowspan="5">收款人</td><td>全　称</td><td colspan="13">云岭商贸有限公司</td><td rowspan="5">此联是银行交给收款人的收账通知</td></tr>
<tr><td>账　号</td><td colspan="3">25020 5417 3275 417368</td><td>账　号</td><td colspan="13">137 2358 17849</td></tr>
<tr><td>开户银行</td><td colspan="3">工商银行海埂路支行</td><td>开户银行</td><td colspan="13">中国银行昆明市分行</td></tr>
<tr><td rowspan="2">金额</td><td rowspan="2">人民币（大写）</td><td colspan="3" rowspan="2">壹万壹仟叁佰元整</td><td>亿</td><td>千</td><td>百</td><td>十</td><td>万</td><td>千</td><td>百</td><td>十</td><td>元</td><td>角</td><td>分</td></tr>
<tr><td colspan="4">¥</td><td>1</td><td>1</td><td>3</td><td>0</td><td>0</td><td>0</td><td>0</td></tr>
<tr><td>票据种类</td><td>转账支票</td><td>票据张数</td><td></td><td colspan="14"></td></tr>
<tr><td>票据号码</td><td colspan="3"></td><td colspan="14"></td></tr>
<tr><td colspan="4">复核　　　记账</td><td colspan="14">开户银行盖章</td></tr>
</table>

任务二　领　用　材　料

2020 年 12 月 19 日，云南轻纺经贸有限公司生产领用原材料一批。

凭证 5-10

领料单（记账联）

领料部门：车间管理部门　　　　开单日期：2020 年 12 月 19 日
发料仓库：1 号仓库　　　　　　发料日期：2020 年 12 月 19 日　　　限　　　天有效

货位编号	材料名称	型号规格	单位	数量 请领	数量 实领	单价	金额
	棉花		公斤	3000	3000	29.3	87900

领料根据及用途：

发料：林木　　材料计划：　　　　领料主管：陈成　　　领料：张晓

111

凭证 5-11

领料单（记账联）

领料部门：基本生产车间　　　　　开单日期：2020 年 12 月 19 日

发料仓库：1 号仓库　　　　　　　发料日期：2020 年 12 月 19 日　　　限　　　天有效

货位编号	材料名称	型号规格	单位	数量 请领	数量 实领	单价	金额
	棉花		公斤	10000	10000	29.30	293000
领料根据及用途：生产棉布

发料：林木　　　　　材料计划：　　　　　领料主管：陈成　　　　　领料：张晓

凭证 5-12

领料单（记账联）

领料部门：基本生产车间　　　　　开单日期：2020 年 12 月 19 日

发料仓库：1 号仓库　　　　　　　发料日期：2020 年 12 月 19 日　　　限　　　天有效

货位编号	材料名称	型号规格	单位	数量 请领	数量 实领	单价	金额
	棉花		公斤	100000	100000	29.30	2930000
领料根据及用途：生产棉纱

发料：林木　　　　　材料计划：　　　　　领料主管：陈成　　　　　领料：张晓

凭证 5-13

领料单（记账联）

领料部门：销售部门　　　　　　　开单日期：2020 年 12 月 19 日

发料仓库：1 号仓库　　　　　　　发料日期：2020 年 12 月 19 日　　　限　　　天有效

货位编号	材料名称	型号规格	单位	数量 请领	数量 实领	单价	金额
	棉花		公斤	200	200	29.30	5860
领料根据及用途：

发料：林木　　　　　材料计划：　　　　　领料主管：陈成　　　　　领料：张晓

凭证 5-14

领料单（记账联）

领料部门：行政部门　　　开单日期：2020 年 12 月 19 日
发料仓库：1 号仓库　　　发料日期：2020 年 12 月 19 日　　　限　　天有效

货位编号	材料名称	型号规格	单位	数量 请领	数量 实领	单价	金额
	棉花		公斤	10	10	29.30	293.00

领料根据及用途：

发料：林木　　　材料计划：　　　领料主管：陈成　　　领料：张晓

凭证 5-15

领料单（记账联）

领料部门：基本生产车间　　　开单日期：2020 年 12 月 25 日
发料仓库：1 号仓库　　　发料日期：2020 年 12 月 25 日　　　限　　天有效

货位编号	材料名称	型号规格	单位	数量 请领	数量 实领	单价	金额
	棉花		公斤	10000	10000	29.30	293000

领料根据及用途：生产棉布

发料：林木　　　材料计划：　　　领料主管：陈成　　　领料：张晓

任务三　发放和结转应付职工薪酬

2020 年 12 月 25 日云南轻纺经贸有限公司发放和结转应付职工工资 300 000 元；现金支付李飞差旅费 1 000 元。

凭证 5-16

ICBC 中国工商银行 凭证

业务回单（付款）

日期：2020 年 12 月 25 日	
回单编号：2010120025	
付款人户名：云南轻纺经贸有限公司	付款人开户行：昆明海埂路支行
付款人账号：2502054173275417368	
收款人户名：其他代理业务资金——代发工资过渡户	收款人开户行：昆明汇通支行营业室
收款人账号：25020380111900046257	
金额：叁拾万元整	小写：300,000.00 元
业务种类：银财业务 凭证种类：通用机打凭证	凭证号码：00000000000000000
摘要：发放 12 月工资 用途：发放 12 月工资	币种：人民币
交易机构：0250200615 记账柜员：00937 交易代码：09757	渠道：其他
银行备注：行政区划：530000 凭证号：1240560021160835	用途：发放 12 月工资

（工商银行海埂路支行 2020.12.25 转讫）

凭证 5-17

职工工资发放汇总表
2020 年 12 月 25 日　　　　　　　　　　　　　　　　　单位：元

项目	工资合计
生产棉纱工人	100000.00
生产棉布工人	120000.00
车间管理人员	10000.00
销售人员	30000.00
行政管理人员	40000.00

凭证 5-18

职工工资分配汇总表
2020 年 12 月 25 日　　　　　　　　　　　　　　　　　单位：元

项目	工资合计
生产棉纱工人	100000.00
生产棉布工人	120000.00
车间管理人员	10000.00
销售人员	30000.00
行政管理人员	40000.00
合计	300000.00

财务主管：　　　　会计：　　　　复核：　　　　制表：

凭证 5-19

费用报销单

部门：办公室　　　　　　　　　　　　　　　　　　　　报销日期：2020年12月25日

用途	报销数		财务审核意见
	单据张数	金额	
住宿费	1	1000.00	
金额合计（大写）壹仟元整		¥1000.00	

付讫记录：　　现金：　　　银行：　　　转账：　　　　　审核签章：

单位负责人：陈强　　　　　　证明：候芳　　　　　　　经报人：李飞

任务四　计提折旧

云南轻纺经贸有限公司计提本月固定资产折旧；分配制造费用。

凭证 5-20

固定资产折旧表

单位名称：云南轻纺经贸有限公司

日期：2020年12月25日　　　　　折旧方法：平均年限法　　　　　　　　单位：元

编号	资产名称	使用部门	入账日期	单位	数量	单价	购进原值	使用年限	残值率%	预计净残值	使用月数	本月折旧	累计折旧
1	挤压机	车间	2020年11月	台	1	50000.00	50000.00	10	5%	2500.00	120		
2	机床	车间	2020年11月	台	1	200000.00	200000.00	10	5%	10000.00	120		
3	打印复印一体机	办公室	2020年11月	台	2	5000.00	10000.00	5	5%	500.00	60		

审核：　　　　　　　　　　　　　　　　　　　　　　　　　制表：

凭证 5-21

制造费用分配汇总表

2020年12月31日

制造费用		产品名称	生产工人工资	分配率	分配金额/元
明细项目	金额				
合计					

审核：　　　　　　　　　　　　　　　　　　　　　　　　　制表：

任务五 产品全部完工入库

凭证 5-22

产品生产成本计算单

单位：元

成本项目	棉布（10000平方米）		棉纱（100000kg）	
	总成本	单位成本	总成本	单位成本
直接材料				
直接人工				
制造费用				
产品生产成本合计				

审核：　　　　　　　　　　　　制表：

凭证 5-23

产品入库单

仓库名称：　　　　　　　　　年 月 日　　　　　　　　第002号

货号	品名	单位	数量	单价	金额	备注
合计						

负责人：　　　　　　　　　　　　　　　　　　　经手人：

二 交 会 计

项目六

销 售 过 程

一、实训目标

通过本节相关知识的具体操作实训,使学生将所学的有关收入(主要是销售商品收入)的各种情况熟练地应用到实际工作中,并在实际工作中融会贯通。

二、知识点回顾

(一)商品销售收入的确认与计量

企业销售商品收入的确认,必须同时符合以下条件:
(1)合同各方已批准该合同并承诺将履行各自义务;
(2)该合同明确了合同各方与所转让的商品相关的权利和义务;
(3)该合同有明确的与所转让的商品相关的支付条款;
(4)该合同具有商业实质;
(5)企业因向客户转让商品而有权取得的对价很可能收回。

(二)账户设置

1."应收账款"账户

"应收账款"账户属于资产类账户,用以核算企业因销售商品、提供劳务等经营活动应收取的款项。

借方:登记由于销售商品以及提供劳务等发生的应收账款,包括应收取的价款、税款和代垫款等。

贷方:登记已经收回的应收账款。期末余额通常在借方,反映企业尚未收回的应收账款。期末余额如果在贷方,反映企业预收的账款。

该账户应按不同的债务人进行明细分类核算。

2."预收账款"账户

"预收账款"账户属于负债类账户，用以核算企业按照合同规定预收的款项。

贷方：登记企业向购货单位预收的款项等；

借方：登记销售实现时按实现的收入转销的预收款项等；

期末余额：在贷方，反映企业预收的款项；

期末余额：在借方，反映企业已转销但尚未收取的款项。

该账户可按购货单位进行明细核算。

预收账款情况不多的，也可以不设置本账户，将预收的款项直接记入"应收账款"账户。

3."应收票据"账户

"应收票据"账户属于资产类账户，用以核算企业因销售商品、提供劳务等而收到的商业汇票。

借方：登记由于销售商品以及提供劳务等收到的商业汇票，包括应收取的价款、税款和代垫款等；

贷方：登记已经收回的应收票据。

期末余额通常在借方，反映企业尚未收回的应收票据。

4."税金及附加"账户

"税金及附加"账户属于损益类账户，用以核算企业经营活动发生的消费税、城市维护建设税、资源税和教育费附加、房产税、车船使用税、土地使用税、印花税等相关税费。

借方：登记企业应按规定计算确定的与经营活动相关的税费；

贷方：登记期末转入"本年利润"账户的与经营活动相关的税费。

期末结转后，该账户无余额。

5."主营业务收入"账户

"主营业务收入"账户属于损益类账户，用以核算企业确认的销售商品、提供劳务等主营业务的收入。

贷方：登记企业实现的主营业务收入，即主营业务收入的增加额；

借方：登记期末转入"本年利润"账户的主营业务收入（按净额结转），以及发生销售退回和销售折让时应冲减本期的主营业务收入。

期末结转后，该账户无余额。

6."其他业务收入"账户

"其他业务收入"账户属于损益类账户，用以核算企业确认的除主营业务活动以外的其他经营活动实现的收入，包括出租固定资产、出租无形资产、出租包装物和商品、销售材料等。

贷方：登记企业实现的其他业务收入，即其他业务收入的增加额；

借方：登记期末转入"本年利润"账户的其他业务收入。

期末结转后，该账户无余额。

该账户可按其他业务的种类设置明细账户，进行明细分类核算。

7."主营业务成本"账户

"主营业务成本"账户属于损益类账户，用以核算企业确认销售商品、提供劳务等主营业务收入时应结转的成本。

借方：登记主营业务发生的实际成本；

贷方：登记期末转入"本年利润"账户的主营业务成本。

期末结转后，该账户无余额。

8."其他业务成本"账户

"其他业务成本"账户属于损益类账户，用以核算企业确认的除主营业务活动以外的其他经营活动所发生的支出，包括销售材料的成本、出租固定资产的折旧额、出租无形资产的摊销额、出租包装物的成本或摊销额等。

借方：登记其他业务的支出额；

贷方：登记期末转入"本年利润"账户的其他业务支出额。

期末结转后，该账户无余额。

借：应收账款
　　贷：主营业务收入
　　　　应交税费——应交增值税（销项税额）

借：主营业务成本
　　贷：库存商品

（三）销售材料的账务处理

其他业务收入是指企业主营业务收入以外的其他经营活动实现的收入，包括销售材料、出租包装物和商品、出租固定资产、出租无形资产等实现的收入。

借：应收账款
　　贷：其他业务收入
　　　　应交税费——应交增值税（销项税额）

借：其他业务成本
　　贷：原材料

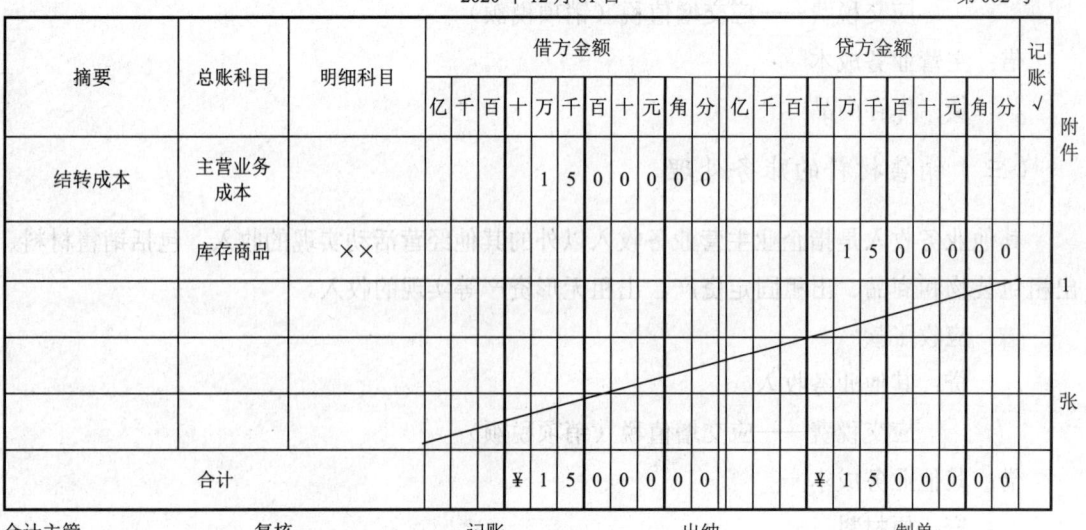

三、典型业务示例

1. 现款现货账务处理（见图 6-1 和图 6-2）

记账凭证

2020 年 12 月 01 日　　　　　　　　　　　　　　　　　　　　　第 001 号

摘要	总账科目	明细科目	借方金额 亿千百十万千百十元角分	贷方金额 亿千百十万千百十元角分	记账√
销售商品	银行存款	××银行	２２６００００		
	主营业务收入			２０００００0	
	应交税费	应交增值税（销项税额）		２６０００0	
	银行存款	××银行		７９１００００	
合计			¥　　２２６００００	¥　　２２６００００	

会计主管：　　　　　　复核：　　　　　记账：　　　　　出纳：　　　　　制单：

附件 3 张

图 6-1　记账凭证

记账凭证

2020 年 12 月 01 日　　　　　　　　　　　　　　　　　　　　　第 002 号

摘要	总账科目	明细科目	借方金额 亿千百十万千百十元角分	贷方金额 亿千百十万千百十元角分	记账√
结转成本	主营业务成本		１５０００００		
	库存商品	××		１５０００００	
合计			¥　　１５０００００	¥　　１５０００００	

会计主管：　　　　　　复核：　　　　　记账：　　　　　出纳：　　　　　制单：

附件 1 张

图 6-2　记账凭证

126

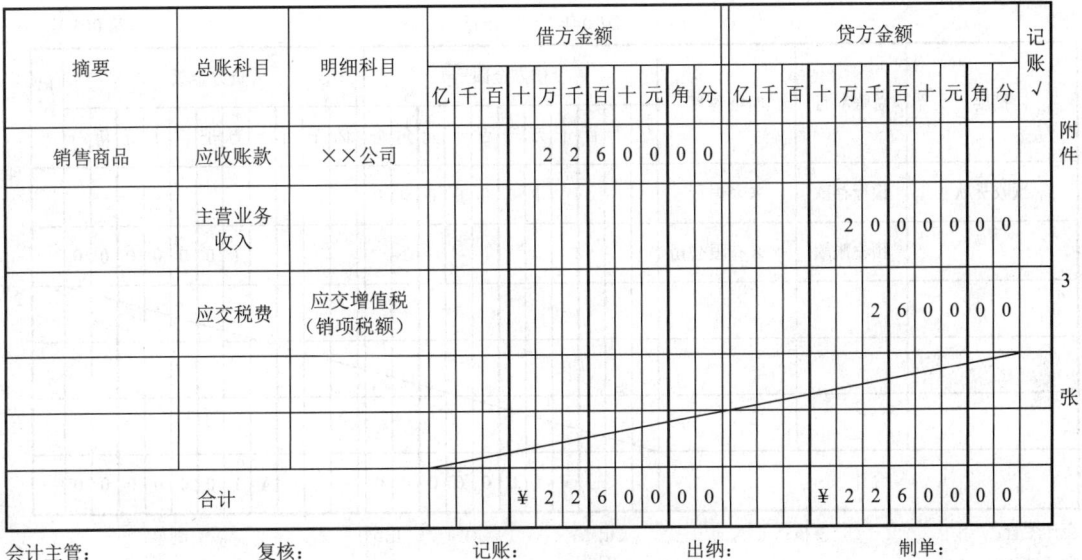

2. 赊销账务处理（见图 6-3 和图 6-4）

记账凭证

2020 年 12 月 01 日　　　　　　　　　　　　　　　　第 003 号

摘要	总账科目	明细科目	借方金额 亿千百十万千百十元角分	贷方金额 亿千百十万千百十元角分	记账 √
销售商品	应收账款	××公司	２２６０００００		
	主营业务收入			２０００００００	
	应交税费	应交增值税（销项税额）		２６００００	
		合计	¥ ２２６０００００	¥ ２２６０００００	

会计主管：　　　　复核：　　　　记账：　　　　出纳：　　　　制单：

图 6-3　记账凭证

记账凭证

2020 年 12 月 01 日　　　　　　　　　　　　　　　　第 004 号

摘要	总账科目	明细科目	借方金额 亿千百十万千百十元角分	贷方金额 亿千百十万千百十元角分	记账 √
结转成本	主营业务成本		１５０００００		
	库存商品	××		１５０００００	
		合计	¥ １５０００００	¥ １５０００００	

会计主管：　　　　复核：　　　　记账：　　　　出纳：　　　　制单：

图 6-4　记账凭证

3. 预收款方式销售账务处理

收到预收款时（见图 6-5～图 6-8）：

记账凭证

2020 年 12 月 01 日　　　　　　　　　　　　　　　　　　　　　　第 005 号

摘要	总账科目	明细科目	借方金额	贷方金额
预收货款	银行存款	××银行	1 0 0 0 0 0 0	
	预收账款	××有限公司		1 0 0 0 0 0 0
合计			¥ 1 0 0 0 0 0 0	¥ 1 0 0 0 0 0 0

会计主管：　　　复核：　　　记账：　　　出纳：　　　制单：

附件 2 张　记账 √

实现销售时：

图 6-5　记账凭证

记账凭证

2020 年 12 月 01 日　　　　　　　　　　　　　　　　　　　　　　第 006 号

摘要	总账科目	明细科目	借方金额	贷方金额
预收款商品销售	预收账款	××公司	2 2 6 0 0 0 0	
	主营业务收入			2 0 0 0 0 0 0
	应交税费	应交增值税（销项税额）		2 6 0 0 0 0
合计			¥ 2 2 6 0 0 0 0	¥ 2 2 6 0 0 0 0

会计主管：　　　复核：　　　记账：　　　出纳：　　　制单：

附件 3 张　记账 √

图 6-6　记账凭证

记账凭证

2020 年 12 月 01 日　　　　　　　　　　　　　　　　　　　　　　　第 007 号

摘要	总账科目	明细科目	借方金额 亿千百十万千百十元角分	贷方金额 亿千百十万千百十元角分	记账√
结转成本	主营业务成本		1 5 0 0 0 0 0		
	库存商品	××商品		1 5 0 0 0 0 0	
	合计		¥ 1 5 0 0 0 0 0	¥ 1 5 0 0 0 0 0	

附件 1 张

会计主管：　　　　　复核：　　　　　记账：　　　　　出纳：　　　　　制单：

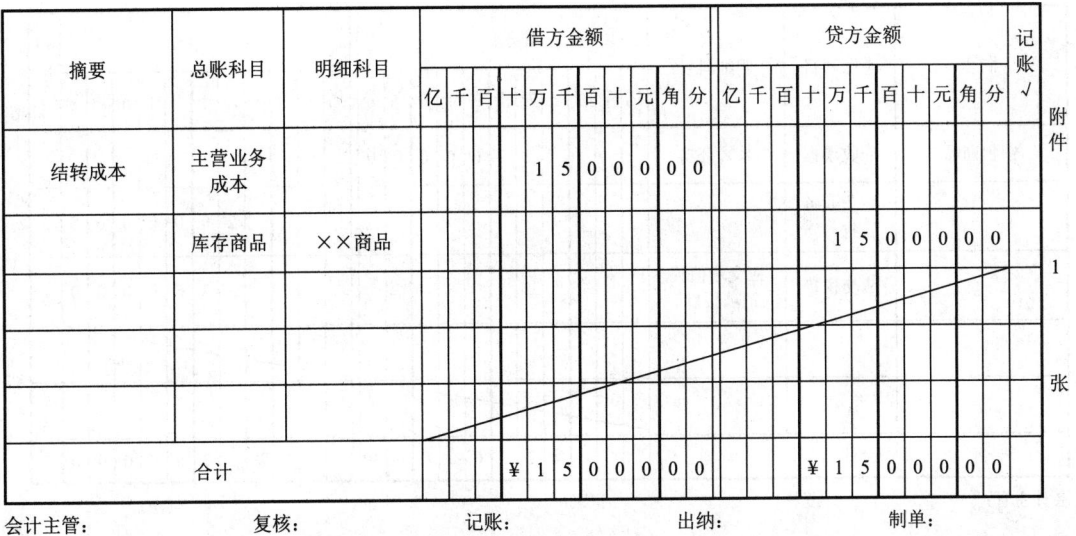

图 6-7　记账凭证

记账凭证

2020 年 12 月 01 日　　　　　　　　　　　　　　　　　　　　　　　第 008 号

摘要	总账科目	明细科目	借方金额 亿千百十万千百十元角分	贷方金额 亿千百十万千百十元角分	记账√
补收货款	银行存款	××银行	1 5 0 0 0 0 0		
	预收账款	××公司		1 5 0 0 0 0 0	
	合计		¥ 1 5 0 0 0 0 0	¥ 1 5 0 0 0 0 0	

附件 1 张

会计主管：　　　　　复核：　　　　　记账：　　　　　出纳：　　　　　制单：

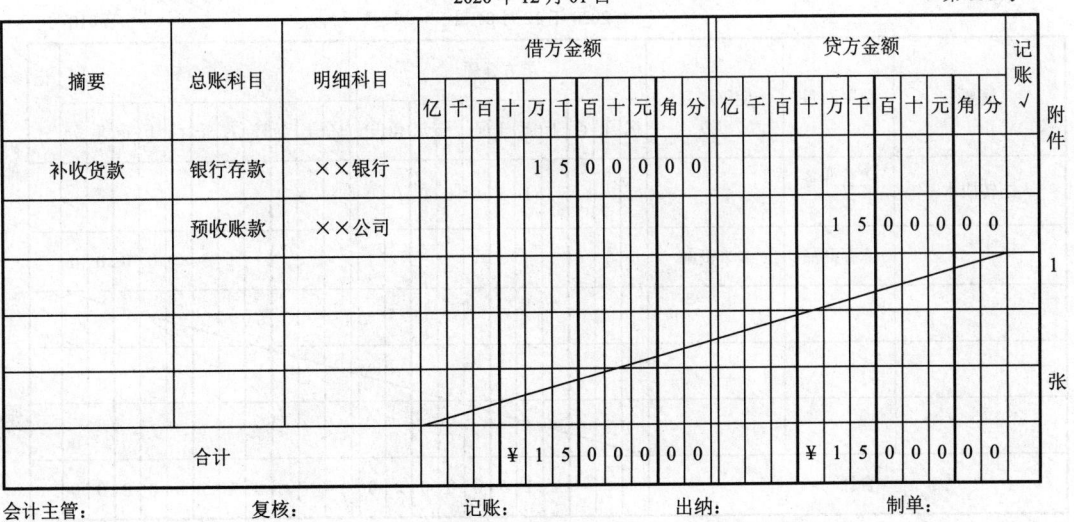

图 6-8　记账凭证

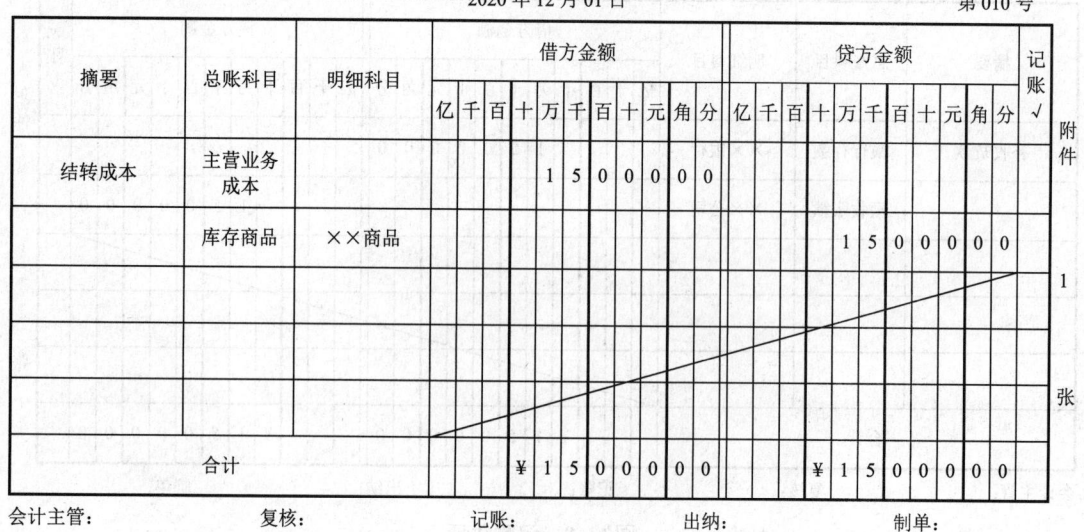

4. 收到汇票时的销售账务处理（见图 6-9 和图 6-10）

记账凭证

2020 年 12 月 01 日　　　　　　　　　　　　　　　　　　　　　　第 009 号

摘要	总账科目	明细科目	借方金额	贷方金额
销售商品	应收票据	××公司	2260000	
	主营业务收入			2000000
	应交税费	应交增值税（销项税额）		260000
	合计		¥2260000	¥2260000

会计主管：　　　复核：　　　记账：　　　出纳：　　　制单：

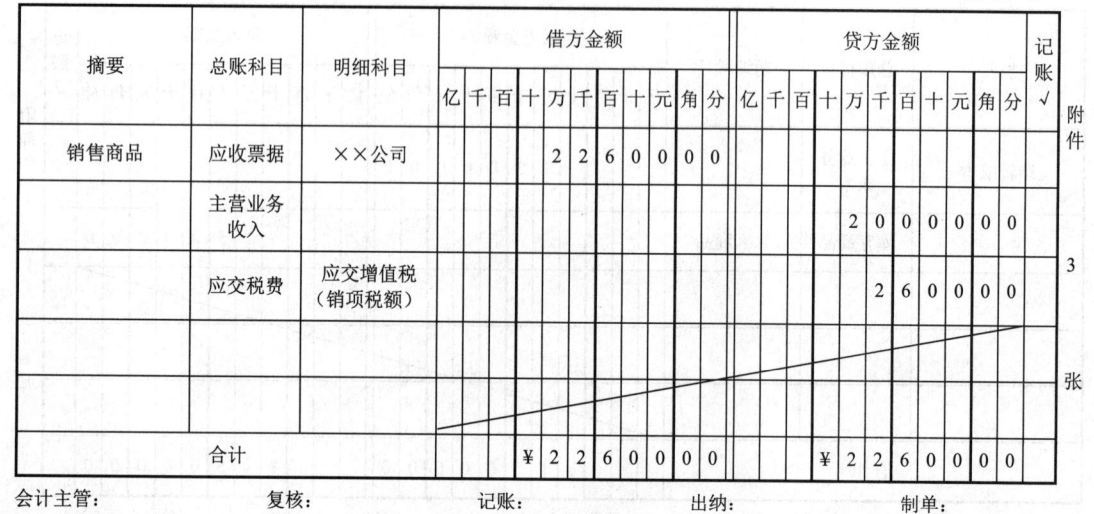

图 6-9　记账凭证

记账凭证

2020 年 12 月 01 日　　　　　　　　　　　　　　　　　　　　　　第 010 号

摘要	总账科目	明细科目	借方金额	贷方金额
结转成本	主营业务成本		1500000	
	库存商品	××商品		1500000
	合计		¥1500000	¥1500000

会计主管：　　　复核：　　　记账：　　　出纳：　　　制单：

图 6-10　记账凭证

5. 销售材料账务处理（见图 6-11 和图 6-12）

记账凭证

2020 年 12 月 01 日　　　　　　　　　　　　　　　　　　　　　　　第 011 号

摘要	总账科目	明细科目	借方金额 亿千百十万千百十元角分	贷方金额 亿千百十万千百十元角分	记账√
销售材料	银行存款	××银行	２２６０００００		
	其他业务收入			２０００００００	
	应交税费	应交增值税（销项税额）		２６０００００	
	合计		￥　　２２６０００００	￥　　２２６０００００	

会计主管：　　　　复核：　　　　记账：　　　　出纳：　　　　制单：

附件 3 张

图 6-11　记账凭证

记账凭证

2020 年 12 月 01 日　　　　　　　　　　　　　　　　　　　　　　　第 012 号

摘要	总账科目	明细科目	借方金额 亿千百十万千百十元角分	贷方金额 亿千百十万千百十元角分	记账√
结转材料成本	其他业务成本		１５０００００		
	原材料	××材料		１５０００００	
	合计		￥　　　１５０００００	￥　　　１５０００００	

会计主管：　　　　复核：　　　　记账：　　　　出纳：　　　　制单：

附件 1 张

图 6-12　记账凭证

131

四、实务操作

任务一　销售商品收入

子任务一：现款现货销售

凭证 6-1

云南省增值税专用发票

NO 23488712

5300201130

此联不作报销、扣税凭证使用

开票日期：2020年12月5日

购货单位	名　　称	云瑞服装有限责任公司	密码区	加密版本号：
	纳税人识别号	6398 7633 7055 4852 669		
	地址、电话	昆明市人民西路8号		
	开户行及账号	工商银行昆明市分行 2785-7804-65126753771		

货物或应税劳务名称	规格型号	单位	数量	单价	金额	税率	税额
棉布		平方米	400	100.00	40 000	13%	5200.00
合　　计					40 000		5200
价税合计（大写）	⊕肆万伍仟贰佰元整				（小写）¥45200		

销售单位	名　　称	云南轻纺经贸有限公司	备注	
	纳税人识别号	91530100MA6NQFGM4F		
	地址、电话	昆明市海埂路118号 0871-5656566	91530100MA6NQFJM4F 发票专用章	
	开户行及账号	工行海埂路支行 25020 5417 3275 417358		

收款人：马瑶　　复核：李晓　　开票人：张瑞　　销货单位（章）：

凭证 6-2

出库单（记账联）

编号：8027

发料日期：　　年　　月　　日

货位编号	材料名称	型号规格	单位	数量	单价	金额

领料根据及用途：

发料：陈小语　　　材料计划：　　　领料主管：李敏　　　领料：王兰

凭证 6-3

中国工商银行 进账单(收账通知)   3

2020 年 12 月 05 日

付款人	全 称	云瑞服装有限责任公司	收款人	全 称	云南轻纺经贸有限公司
	账 号	2785-7804-65126753771		账 号	25020 5417 3275 417368
	开户银行	工商银行昆明市分行		开户银行	工商银行海埂路支行

金额	人民币(大写)	肆万伍仟贰佰元整	亿千百十万千百十元角分 ¥4520000

| 票据种类 | | 票据张数 | | 附加信息及用途： |
| 票据号码 | | | | |

复核   记账   开户银行盖章

此联是银行交给收款人的收账通知

子任务二：赊销业务

凭证 6-4

云南省增值税专用发票   N0234887

此联不作报销、扣税凭证使用

开票日期：2020年12月10日

购货单位	名 称：	云明大同有限责任公司	密码区	加密版本号：
	纳税人识别号：	6398 7633 7055 4852 123		
	地 址、电 话：	昆明市人民西路8号		
	开户行及账号：	工商银行昆明市分行2785-7804-65126753754		

货物或应税劳务名称	规格型号	单位	数量	单价	金额	税率	税额
棉纱		千克	2000	40.00	80 000	13%	10400.00
合 计					80 000		10400
价税合计(大写)	⊕ 玖万零肆佰元整				(小写) 90400.00		

销售单位	名 称：	云南轻纺经贸有限公司
	纳税人识别号：	91530100MA6NQFGM4F
	地 址、电 话：	昆明市海埂路118号 0871-5656566
	开户行及账号：	工行海埂路支行 25020 5417 3275 417368

收款人：马瑶   复核：李晓   开票人：张瑞   销货单位（章）

凭证 6-5

出库单（记账联）

编号：8027

发料日期：　　年　月　日

货位编号	材料名称	型号、规格	单位	数量	单价	金额

领料根据及用途：

发料：陈小语　　　　材料计划：　　　　领料主管：李敏　　　　领料：王兰

凭证 6-6

中国工商银行 进账单（收账通知）　　3

2020年12月18日

付款人	全称	云明大同有限责任公司	收款人	全称	云南轻纺经贸有限公司
	账号	2785 7804 6512 6753 754		账号	25020 5417 3275 417368
	开户银行	工商银行昆明市分行		开户银行	工商银行海埂路支行

金额	人民币（大写）	玖万零肆佰元整	亿千百十万千百十元角分 ¥9 0 4 0 0 0 0 0

票据种类		票据张数	
票据号码			

附加信息及用途：

复核　　记账　　　　　　　开户银行盖章

（工商银行海埂路支行 2020.12.18 转账 转讫）

此联是银行交给收款人的收账通知

子任务三：预收款方式销售业务

2020年12月20日，云南轻纺经贸有限公司销售棉纱一批给云明祥和有限责任公司，开出增值税专用发票和提货单送交对方，于2020年12月18日收到云明祥和有限责任公司支付的预付货款。

凭证6-7

商品购销合同

甲方：云明祥和有限责任公司
乙方：云南轻纺经贸有限公司

经甲乙双方友好协商，就甲公司购买乙公司的棉纱达成如下协议：

一、甲方于2020年12月20日购买乙方棉纱数量20 000千克，单价40元，价税合计金额904 000元，人民币（大写）玖拾万零肆仟元整。乙方12月20日前供货。甲方在2020年12月18日前支付货款的30%。

二、乙方必须确保商品质量，如发现商品有问题，甲方可退货，并由乙方赔偿甲方损失。

三、如有违约，即向对方支付违约金20 000元，人民币（大写）贰万元整，并赔偿因违约给对方造成的经济损失。

以上协议甲乙双方各执壹份，如有异议，另签补充协议，补充协议同本协议具有同等法律效力。

甲方：云明祥和有限责任公司　　　　乙方：云南轻纺经贸有限公司
代表签字：张华　　　　　　　　　　代表签字：张轸
日期2011年12月13日　　　　　　　 日期2020年12月13日

凭证6-8

中国工商银行 进账单（收账通知）　3

2020 年 12月 18 日

付款人	全称	云明祥和有限责任公司	收款人	全称	云南轻纺经贸有限公司
	账号	25020 54173275456478		账号	25020 5417 3275 417368
	开户银行	农行海埂路支行		开户银行	工商银行海埂路支行
金额	人民币（大写）	贰拾肆万元整			¥240000.00
票据种类			票据张数		
票据号码			附加信息及用途：		

（工商银行海埂路支行 2020.12.18 转账 转讫）

复核　　　记账　　　　　　　　　　开户银行盖章

此联是银行交给收款人的收账通知

凭证 6-9

云南省增值税专用发票

NO23488701

5300201130

此联不作报销、扣税凭证使用

开票日期：2020年12月20日

购货单位	名　　　称：	云明祥和有限责任公司	密码区	加密版本号：
	纳税人识别号：	6398 7633 7055 7364 515		
	地　址、电话：	昆明市园西路119号		
	开户行及账号：	农行海埂路支行 2502054173275456478		

货物或应税劳务名称	规格型号	单位	数量	单价	金额	税率	税额
棉纱		千克	20000	40.00	800 000	13%	104000.00
合　　计					800 000		104000

价税合计（大写） ⊕ 玖拾万零肆仟元整　　（小写）904000.00

销售单位	名　　　称：	云南轻纺经贸有限公司	备注	
	纳税人识别号：	91530100MA6NQFGM4F		
	地　址、电话：	昆明市海埂路118号 0871-5656566		
	开户行及账号：	工行海埂路支行 25020 5417 3275 417368		

收款人：马瑶　　复核：李晓　　开票人：张瑞　　销货单位（章）：

第三联 记账联 销货方记账凭证

凭证 6-10

出库单（记账联）

编号：8028

发料日期：　　年　　月　　日

货位编号	材料名称	型号规格	单位	数量	单价	金额

领料根据及用途：

发料：陈小语　　　材料计划：　　　领料主管：李敏　　　领料：王兰

凭证 6-11

中国工商银行 进账单（收账通知） 3

2020 年 12 月 25 日

付款人	全 称	云明祥和有限责任公司	收款人	全 称	云南轻纺经贸有限公司
	账 号	25020541732754564 78		账 号	25020 5417 3275 417368
	开户银行	农行海埂路支行		开户银行	工商银行海埂路支行

金额	人民币（大写）	陆拾陆万肆仟元整	亿千百十万千百十元角分 ¥ 6 6 4 0 0 0 0 0

票据种类		票据张数		附加信息及用途：补付货款
票据号码				

复核　　　记账　　　　　　　　　开户银行盖章

（此联是银行交给收款人的收账通知）

子任务四：收到汇票时的销售业务

凭证 6-12

商业承兑汇票　　2

出票日期
（大写）　贰零贰零 年 壹拾贰月　贰拾伍 日

出票人全称	云南羽绒有限责任公司	收款人	全 称	云南轻纺经贸有限公司
出票人账号	2785-7804-65126753754		账 号	25020 5417 3275 417368
付款行全称	工商银行昆明市分行		开户银行	工商银行海埂路支行

出票金额	人民币（大写）	贰佰贰拾陆万元整	亿千百十万千百十元角分 ¥ 2 2 6 0 0 0 0 0 0

汇票到期日（大写）	贰零贰壹年零陆月贰拾伍日	付款人	行号	684217951436587
承兑协议编号			地址	云南省昆明市滇池路99号

本汇票请你行承兑，到期无条件付款。	本汇票已经承兑，到期日由本行付款。
	承兑行签章
承兑日期 2021 年 6 月 25 日	
出票人签章	备注： 备核 张华 记账 伍章

凭证 6-13

云南省增值税专用发票

NO23491223

5300201130

此联不作报销、扣税凭证使用

开票日期：2020年12月25日

购货单位	名　　称：	云南羽绒有限责任公司	密码区	加密版本号：		
	纳税人识别号：	6398 7633 7055 7364 515				
	地址、电话：	昆明市人民西路8号				
	开户行及账号：	工商银行昆明市分行 2785-7804-65126753754				

货物或应税劳务名称	规格型号	单位	数量	单价	金额	税率	税额
棉纱		千克	50000	40.00	2000000.00	13%	260000.00
合　　计					￥2000000.00		260000
价税合计（大写）	⊕ 贰佰贰拾陆万元整				（小写）2260000.00		

销售单位	名　　称：	云南轻纺经贸有限公司	备注
	纳税人识别号：	91530100MA6NQFJM4F	
	地址、电话：	昆明市海埂路118号 0871-5656566	
	开户行及账号：	工商银行海埂路支行 25020 5417 3275417368	

收款人：马瑶　　复核：李晓　　开票人：张瑞　　销货单位（章）：

第三联 记账联 销货方记账凭证

凭证 6-14

出库单（记账联）

编号：8031

发料日期：　　年　月　日

货位编号	材料名称	型号规格	单位	数量	单价	金额

领料根据及用途：

发料：陈小语　　　　材料计划：　　　　领料主管：李敏　　　　领料：王兰

凭证 6-15

商业承兑汇票 2

出票日期（大写） 贰零贰零 年 壹拾贰月 贰拾伍 日

出票人	全称	云明祥和有限责任公司	收款人	全称	云南轻纺经贸有限公司
	账号	2502054173275456478		账号	25020 5417 3275 417368
	付款行全称	农行海埂路支行		开户银行	工商银行海埂路支行

出票金额	人民币（大写） 肆拾伍万贰仟元整	¥ 4 5 2 0 0 0 0 0

汇票到期日（大写）贰零贰壹年零陆月贰拾伍日

付款人 行号 684217951436587
开户行 地址 昆明市滇池路99号

本汇票请你行承兑，到期无条件付款。
本汇票已经承兑，到期由本行付款。

工商银行海埂路支行
2020.12.25
转账

承兑日期 2021 年 月 25 日

出票人签章　备注：　　　备核 张华　记账 伍章

凭证 6-16

云南省增值税专用发票 NO 23491321

5300201130

此联不作报销、扣税凭证使用

开票日期：2020年12月25日

购货单位	名　称：云明祥和有限责任公司	密码区	加密版本号：
	纳税人识别号：6398 7633 7055 7364 515		
	地 址、电 话：昆明市路119号		
	开户行及账号：农行海埂路支行2502054173275456478		

货物或应税劳务名称	规格型号	单位	数量	单价	金额	税率	税额
棉布		平方米	4000	100.00	400000.00	13%	52000.00
合　　　计					¥400000.00		52000

价税合计（大写） ⊕ 肆拾伍万贰仟元整　　　　　（小写）452000.00

销售单位	名　称：云南轻纺经贸有限公司	备注	云南轻纺经贸有限公司
	纳税人识别号：91530100MA6NQFGM4F		91530100MA6NQFJM4F
	地 址、电 话：昆明市海埂路118号 0871-5656566		发票专用章
	开户行及账号：工行海埂路支行 25020 5417 3275 417368		

收款人：马瑶　　复核：李晓　　开票人：张瑞　　销货单位（章）：

凭证 6-17

出库单（记账联）

编号：8039

发料日期：　　年　月　日

货位编号	材料名称	型号规格	单位	数量	单价	金额

领料根据及用途：

发料：陈小语　　　材料计划：　　　领料主管：李敏　　　领料：王兰

凭证 6-18

云南省增值税普通发票

NO 23491367

5300201130

此联不作报销、扣税凭证使用

开票日期：2020年12月25日

购货单位	名　　称：云明祥和有限责任公司 纳税人识别号：6398 7633 7055 7364 515 地 址、电 话：昆明市园西路119号 开户行及账号：农行海埂路支行2502054173275456478	密码区	加密版本号：

货物或应税劳务名称	规格型号	单位	数量	单价	金额	税率	税额
运费					1769.91	13%	230.09
合　　计					¥1769.91		230

价税合计（大写）　⊕ 贰仟元整　　　　　　（小写）2000.00

销售单位	名　　称：南方市宏达运输公司 纳税人识别号：91530100MA6NQFGM6F 地 址、电 话：昆明市海埂路118号 0871-5656566 开户行及账号：工行海埂路支行 25020 5417 3275 417956	发票专用章

收款人：马瑶　　复核：李晓　　开票人：张瑞　　销货单位（章）：

凭证 6-19

中国工商银行
转账支票存根　　（滇）
BH00659667

附加信息＿＿＿＿＿＿＿＿＿＿＿＿＿＿
＿＿＿＿＿＿＿＿＿＿＿＿＿＿＿＿＿＿
＿＿＿＿＿＿＿＿＿＿＿＿＿＿＿＿＿＿
＿＿＿＿＿＿＿＿＿＿＿＿＿＿＿＿＿＿

出票日期：2020年12月27日

收款人：	南方市宏达运输公司
金　额：	¥2,000.00
用　途：	代云明祥和有限责任公司支付运输费

单位主管　　　　　会计

凭证 6-20

云南省增值税专用发票　　　　NO 23491321

5300201130

此联不作报销、扣税凭证使用

开票日期：2020年12月25日

购货单位	名　称：	云南昆迪有限公司	密码区	加密版本号：
	纳税人识别号：	6398 7633 7055 7364 518		
	地址、电话：	昆明市园艺路8号		
	开户行及账号：	农行海埂路支行2502054173275456499		

货物或应税劳务名称	规格型号	单位	数量	单价	金额	税率	税额
棉布		平方米	1000	100.00	100000.00	13%	13000.00
合　　计					¥100000.00		13000

价税合计（大写）	⊕ 壹拾壹万叁仟元整	（小写）113000.00

销售单位	名　称：	云南轻纺经贸有限公司	备注	
	纳税人识别号：	91530100MA6NQFGM4F		
	地址、电话：	昆明市海埂路118号 0871-5656566		
	开户行及账号：	工行海埂路支行 25020 5417 3275 417368		

收款人：马瑶　　复核：李晓　　开票人：张瑞　　销货单位（章）：

凭证 6-21

ICBC	中国工商银行	凭证
		业务回单（收款）

日期：2020 年 12 月 25 日

回单编号：2010120125

付款人户名：云南昆迪有限公司　　付款人开户行：农行海埂路支行

付款人账号：2502054173275456499

收款人户名：云南轻纺经贸有限公司　　收款人开户行：工行海埂路支行

收款人账号：2502054173275417368

金额：壹拾壹万叁仟元整　　小写：113 000.00 元

业务种类：银财业务　凭证种类：通用现金　凭证号码：00000000000000000

摘要：收 12 月份货款　用途：　　币种：人民币

交易机构：0250200615　记账柜员：00937　交易代码：09759　渠道：其他

银行备注：行政区划：530000　凭证号：1240560021160847　用途：

（工商银行海埂路支行 2020.12.25 转账转讫）

凭证 6-22

出库单（记账联）

编号：8038

发料日期：　　年　　月　　日

货位编号	材料名称	型号规格	单位	数量	单价	金额

领料根据及用途：

发料：陈小语　　材料计划：　　领料主管：李敏　　领料：王兰

子任务五：材料销售业务

凭证 6-23

云南省增值税专用发票

NO234925

5300201130

此联不作报销、扣税凭证使用

开票日期：2020年12月25日

购货单位	名　　　称：云明祥和有限责任公司 纳税人识别号：6398 7633 7055 7364 515 地　址、电　话：昆明市园西路119号 开户行及账号：农行海埂路支行 2502054173275456478	密码区	加密版本号：

货物或应税劳务名称	规格型号	单位	数量	单价	金额	税率	税额
棉线		米	50000	20.00	1000000.00	13%	130000.00
合　　　计					¥1000000.00		130000
价税合计（大写）	⊕ 壹佰壹拾叁万元整				（小写）1130000.00		

销售单位	名　　　称：云南轻纺经贸有限公司 纳税人识别号：91530100MA6NQFGM4F 地　址、电　话：昆明市海埂路118号 0871-5656566 开户行及账号：工行海埂路支行 25020 5417 3275 417368	备注	（发票专用章）

收款人：马瑶　　复核：李晓　　开票人：张瑞　　销货单位（章）：

凭证 6-24

出库单（记账联）

编号：8040

发料日期：　　年　　月　　日

货位编号	材料名称	型号规格	单位	数量	单价	金额

领料根据及用途：

发料：陈小语　　材料计划：　　领料主管：李敏　　领料：王兰

项目七

财务成果的形成和分配

一、实训目标

通过本实训项目，使学生了解财务成果的变现形式，理解财务成果的形成过程以及财务成果的分配。

二、知识点回顾

（一）涉及账户

1. "本年利润"账户

"本年利润"账户贷方登记企业期（月）末转入的主营业务收入、其他业务收入、营业外收入和投资收益等；借方登记企业期（月）末转入的主营业务成本、税金及附加、其他业务成本、管理费用、财务费用、销售费用、营业外支出、投资损失和所得税费用等。上述结转完成后，余额如在贷方，即为当期实现的净利润；余额如在借方，即为当期发生的净亏损。年度终了，应将本年收入和支出相抵后结出的本年实现的净利润（或发生的净亏损），转入"利润分配——未分配利润"账户的贷方（或借方），结转后本账户无余额。

2. "投资收益"账户

"投资收益"账户属于损益类账户，用以核算企业确认的投资收益或投资损失。

该账户贷方登记实现的投资收益和期末转入"本年利润"账户的投资净损失；借方登记发生的投资损失和期末转入"本年利润"账户的投资净收益。期末结转后，该账户无余额。该账户可按投资项目设置明细账户，进行明细分类核算。

3. "营业外收入"账户

"营业外收入"账户属于损益类账户，用以核算企业发生的各项营业外收入，主要包括非流动资产处置利得、非货币性资产交换利得、债务重组利得、政府补助、盘盈利得、捐赠利得等。

该账户贷方登记营业外收入的实现，即营业外收入的增加额；借方登记会计期末转入"本年利润"账户的营业外收入额。期末结转后，该账户无余额。该账户可按营业外收入项目设置明细账户，进行明细分类核算。

4. "营业外支出"账户

"营业外支出"账户属于损益类账户，用以核算企业发生的各项营业外支出，包括非流动资产处置损失、非货币性资产交换损失、债务重组损失、公益性捐赠支出、非常损失、盘亏损失等。

该账户借方登记营业外支出的发生，即营业外支出的增加额；贷方登记期末转入"本年利润"账户的营业外支出额。期末结转后，该账户无余额。该账户可按支出项目设置明细账户，进行明细分类核算。

5. "所得税费用"账户

"所得税费用"账户属于损益类账户，用以核算企业确认的应从当期利润总额中扣除的所得税费用。

该账户借方登记企业应计入当期损益的所得税；贷方登记企业期末转入"本年利润"账户的所得税。期末结转后，该账户无余额。

会计期末（月末或年末）结转各项收入时，借记"主营业务收入""其他业务收入""营业外收入"等科目，贷记"本年利润"科目；结转各项支出时，借记"本年利润"科目，贷记"主营业务成本""税金及附加""其他业务成本""管理费用""财务费用""销售费用""资产减值损失""营业外支出""所得税费用"等科目。

6. "盈余公积"账户

"盈余公积"账户属于所有者权益类账户，用以核算企业从净利润中提取的盈余公积。该账户贷方登记提取的盈余公积，即盈余公积的增加额，借方登记实际使用的盈余公积，即盈余公积的减少额。期末余额在贷方，反映企业结余的盈余公积。该账户应当分别"法定盈余公积""任意盈余公积"进行明细核算。

7. "应付股利"账户

"应付股利"账户属于负债类账户，用以核算企业分配的现金股利或利润。该账户贷方登记应付给投资者股利或利润的增加额；借方登记实际支付给投资者的股利或利润，即应付股利的减少额。期末余额在贷方，反映企业应付未付的现金股利或利润。该账户可按投资者进行明细核算。

（二）利润的形成

1. 营业利润

$$营业利润 = 营业收入 - 营业成本 - 税金及附加 - 销售费用 - 管理费用 - 财务费用 - 资产减值损失 + 公允价值变动收益（-公允价值变动损失）+ 投资收益（-投资损失）$$

其中：

$$营业收入 = 主营业务收入 + 其他业务收入$$
$$营业成本 = 主营业务成本 + 其他业务成本$$

2. 利润总额

利润总额是指营业利润加上营业外收入减去营业外支出后的金额。

$$利润总额 = 营业利润 + 营业外收入 - 营业外支出$$

3. 净利润

净利润是指利润总额减去所得税费用后的金额。

$$净利润 = 利润总额 - 所得税费用$$

(三) 利润的结转

1. 损益类科目的结转
1) 收入类科目的结转
借：主营业务收入
　　其他业务收入
　　营业外收入
　　投资收益（收益）
　　贷：本年利润
2) 费用类科目的结转
借：本年利润
　　贷：主营业务成本
　　　　其他业务成本
　　　　销售费用
　　　　管理费用
　　　　财务费用
　　　　资产减值损失
　　　　所得税费用
　　　　营业外支出
　　　　投资收益（损失）

2. 本年利润的结转
1) 收益结转
借：本年利润
　　贷：利润分配
2) 损失结转
借：利润分配
　　贷：本年利润

（四）利润的分配

利润分配是指企业净利润的分配，企业实现的净利润，要按照国家的有关法律法规以及企业章程的规定，在企业和投资者之间进行分配。

为了核算和监督财务成果的分配，企业应设置"利润分配""盈余公积""应付利润"等账户。

1. 提取盈余公积
借：利润分配——提取法定盈余公积
　　　　　　——提取任意盈余公积
　　贷：盈余公积——法定盈余公积
　　　　　　　　——任意盈余公积

2. 盈余公积补亏
借：盈余公积
　　贷：利润分配——盈余公积补亏

3. 向投资者分配利润或股利

借：利润分配——应付现金股利
　　贷：应付股利

4. 企业未分配利润的形成

借：利润分配——未分配利润
　　　　　　——盈余公积补亏
　　贷：利润分配——提取法定盈余公积
　　　　　　　　——提取任意盈余公积
　　　　　　　　——应付现金股利

三、典型业务示例

典型业务示例如图 7-1~图 7-10 所示。

记账凭证

2020 年 12 月 31 日　　　　　　　　　　　　　　　　第 001 号

摘要	总账科目	明细科目	借方金额	贷方金额	记账√	附件
			亿 千 百 十 万 千 百 十 元 角 分	亿 千 百 十 万 千 百 十 元 角 分		
结转收入	主营业务收入		1 0 0 0 0 0 0			
	其他业务收入		1 0 0 0 0 0 0			
	营业外收入		1 0 0 0 0 0 0			
	投资收益		1 0 0 0 0 0 0			
	本年利润			4 0 0 0 0 0 0		
	合计		¥ 　　4 0 0 0 0 0 0	¥ 　　4 0 0 0 0 0 0		张

会计主管：　　　　复核：　　　　记账：　　　　出纳：　　　　制单：

图 7-1　记账凭证

记账凭证

2020 年 12 月 31 日　　　　　　　　　　　　　　　第 002-1/2 号

摘要	总账科目	明细科目	借方金额	贷方金额	记账√	附件
			亿 千 百 十 万 千 百 十 元 角 分	亿 千 百 十 万 千 百 十 元 角 分		
结转成本费用	本年利润		2 2 0 0 0 0 0			
	主营业务成本			5 0 0 0 0 0		
	其他业务成本			5 0 0 0 0 0		
	销售费用			5 0 0 0 0 0		
	管理费用			5 0 0 0 0 0		
	合计		¥ 　　2 2 0 0 0 0 0	¥ 　　2 0 0 0 0 0 0		张

会计主管：　　　　复核：　　　　记账：　　　　出纳：　　　　制单：

图 7-2　记账凭证

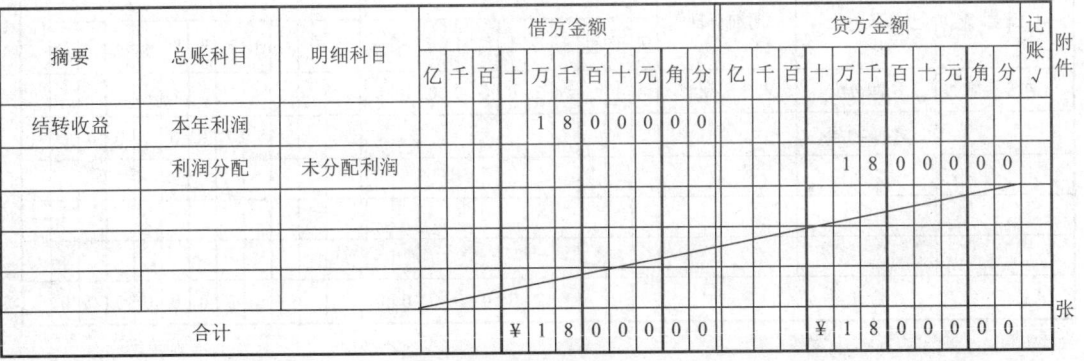

记账凭证

2020年12月31日　　　　　　　　　　　　　　　　　　　　第002-2/2号

摘要	总账科目	明细科目	借方金额 亿千百十万千百十元角分	贷方金额 亿千百十万千百十元角分	记账√	附件
结转成本费用	财务费用			5 0 0 0 0		
	资产减值损失			5 0 0 0 0		
	营业外支出			5 0 0 0 0		
	投资收益 （损失）			5 0 0 0 0		张
	合计		¥ 2 2 0 0 0 0	¥ 2 2 0 0 0 0		

会计主管：　　　　　复核：　　　　　记账：　　　　　出纳：　　　　　制单：

图 7-3　记账凭证

记账凭证

2020年12月31日　　　　　　　　　　　　　　　　　　　　第003号

摘要	总账科目	明细科目	借方金额 亿千百十万千百十元角分	贷方金额 亿千百十万千百十元角分	记账√	附件
结转收益	本年利润		1 8 0 0 0 0			
	利润分配	未分配利润		1 8 0 0 0 0		张
	合计		¥ 1 8 0 0 0 0	¥ 1 8 0 0 0 0		

会计主管：　　　　　复核：　　　　　记账：　　　　　出纳：　　　　　制单：

图 7-4　记账凭证

记账凭证

2020年12月31日　　　　　　　　　　　　　　　　　　　　第004号

摘要	总账科目	明细科目	借方金额 亿千百十万千百十元角分	贷方金额 亿千百十万千百十元角分	记账√	附件
计提所得税	所得税费用		4 5 0 0 0			
	应交税费	应交所得税		4 5 0 0 0		张
	合计		¥ 4 5 0 0 0	¥ 4 5 0 0 0		

会计主管：　　　　　复核：　　　　　记账：　　　　　出纳：　　　　　制单：

图 7-5　记账凭证

记账凭证

2020 年 12 月 31 日　　　　　　　　　　　　　　　　　　　　　　第 005 号

摘要	总账科目	明细科目	借方金额	贷方金额	记账	附件
结转所得税	本年利润		4 5 0 0 0 0		√	
	所得税费用			4 5 0 0 0 0		
结转利润	利润分配	未分配利润	4 5 0 0 0 0			
	本年利润			4 5 0 0 0 0		
	合计		¥9 0 0 0 0 0	¥9 0 0 0 0 0		张

会计主管：　　　复核：　　　记账：　　　出纳：　　　制单：

图 7-6　记账凭证

记账凭证

2020 年 12 月 31 日　　　　　　　　　　　　　　　　　　　　　　第　号

摘要	总账科目	明细科目	借方金额	贷方金额	记账	附件
结转亏损	利润分配	未分配利润	2 0 0 0 0 0		√	
	本年利润			2 0 0 0 0 0		
	合计		¥2 0 0 0 0 0	¥2 0 0 0 0 0		张

会计主管：　　　复核：　　　记账：　　　出纳：　　　制单：

图 7-7　记账凭证

记账凭证

2020 年 12 月 31 日　　　　　　　　　　　　　　　　　　　　　　第 006 号

摘要	总账科目	明细科目	借方金额	贷方金额	记账	附件
提取盈余公积	利润分配	提取法定盈余公积	1 3 5 0 0 0		√	
	盈余公积			1 3 5 0 0 0		
	合计		¥1 3 5 0 0 0	¥1 3 5 0 0 0		张

会计主管：　　　复核：　　　记账：　　　出纳：　　　制单：

图 7-8　记账凭证

记账凭证

2020年12月31日　　　　　　　　　　　　　　　　　　　　　　　　　　第007号

摘要	总账科目	明细科目	借方金额 亿千百十万千百十元角分	贷方金额 亿千百十万千百十元角分
分配利润	利润分配	应付现金股利	3 3 7 5 0 0	
	应付股利	××公司		3 3 7 5 0 0
	合计		¥　　　3 3 7 5 0 0	¥　　　3 3 7 5 0 0

会计主管：　　　　　复核：　　　　　记账：　　　　　出纳：　　　　　制单：

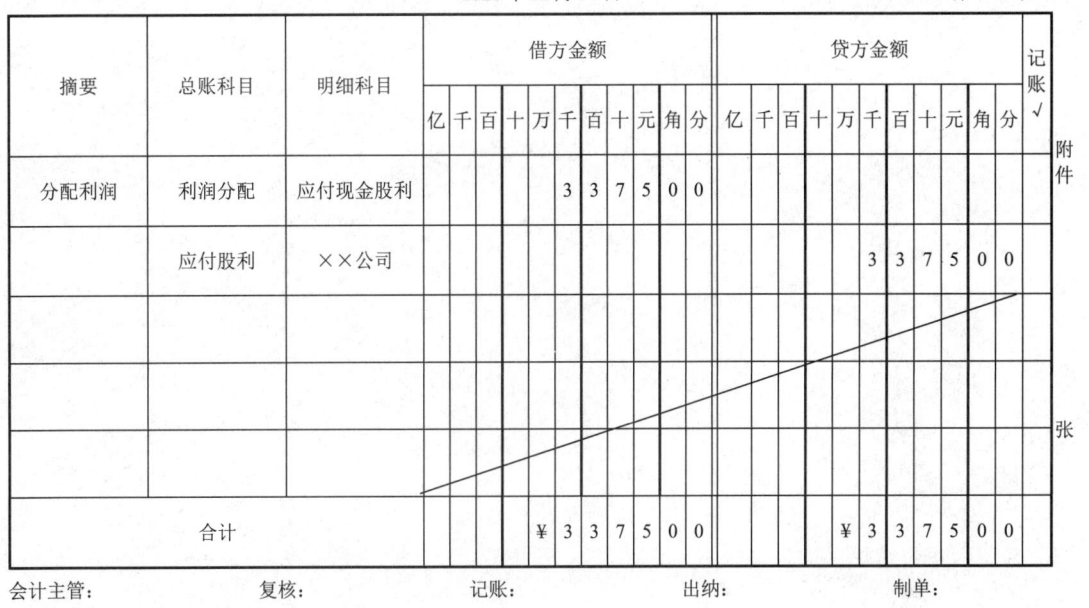

图 7-9　记账凭证

记账凭证

2020年12月31日　　　　　　　　　　　　　　　　　　　　　　　　　　第003号

摘要	总账科目	明细科目	借方金额 亿千百十万千百十元角分	贷方金额 亿千百十万千百十元角分
结转未分配利润	利润分配	未分配利润	4 7 2 5 0 0	
	利润分配	提取法定盈余公积		1 3 5 0 0 0
		应付现金股利		3 3 7 5 0 0
	合计		¥　　　4 7 2 5 0 0	¥　　　4 7 2 5 0 0

会计主管：　　　　　复核：　　　　　记账：　　　　　出纳：　　　　　制单：

图 7-10　记账凭证

四、实务操作

任务一 日常业务

凭证 7-1

收款收据

收款日期：2020年12月26日　　　　　　　　　　　　　　　　　No. 23459

今收到：	南方吉祥电器制造厂		
交　来：	违约罚款		
人民币（大写）	叁仟元整	现金收讫	¥ 3,000.00
备注：	收南方吉祥电器制造厂违约罚款		

收款单位：云南轻纺经贸有限公司　　收款人：马瑶　　　　　经办人：李丽

（盖章：云南轻纺经贸有限公司财务专用章）

凭证 7-2

云南省增值税普通发票

NO 23491475

5300201130

此联不作报销、扣税凭证使用

开票日期：2020年12月26日

购货单位	名　　称	云南轻纺经贸有限公司		密码区	加密版本号：		
	纳税人识别号	91530100MA6NQFGM4F					
	地址、电话	昆明市海埂路118号 0871-5656566					
	开户行及账号	工行海埂路支行 25020 5417 3275 417368					

货物或应税劳务名称	规格型号	单位	数量	单价	金额	税率	税额
文件夹		个	20	8.00	141.59	13%	18.41
中性笔		支	200	1.00	176.99	13%	23.01
计算器		个	1	30.00	26.55	13%	3.45
合　　计					¥345.13		¥44.87
价税合计（大写）	叁佰玖拾元整				（小写）¥390		

销售单位	名　　称	大方文化用品		备注	现金付讫
	纳税人识别号	91545100MA6NQFGM6F			
	地址、电话	昆明市海埂路256号 3158949			
	开户行及账号	工行海埂路支行 25020 5417 3275 927956			

收款人：马瑶　　复核：李晓　　开票人：张瑞　　销货单位（章）：

任务二　期　末　结　转

（1）将本年各损益类账户余额转至"本年利润"账户。
（2）将本年利润总额的 25%计算和结转应缴纳的所得税。
（3）将本年实现的净利润转入"利润分配"账户。
（4）按本年税后利润的 10%计提法定盈余公积。
（5）按本年税后利润的 25%计算应付给投资者的利润。
（6）年终结转利润分配明细账户的余额。
（7）登记 12 月份 T 型账并编制 12 月试算平衡表。

项目八

报 表 编 制

一、实训目标

通过本实训项目，使学生掌握资产负债表和利润表的编制方法，并能根据之前的经济业务正确编制资产负债表和利润表。

二、知识点回顾

（一）资产负债表

资产负债表是反映企业在某一特定日期的财务状况的报表，是企业经营活动的静态反映。

1. 资产负债表的编制原理

资产负债表是根据"资产＝负债＋所有者权益"这一平衡公式，依照一定的分类标准和一定的次序，将某一特定日期的资产、负债、所有者权益的具体项目予以适当地排列编制而成。

2. 资产负债表的结构

资产负债表一般由表头、表体两部分组成。

（1）表头部分应列明报表名称、编制单位名称、资产负债表日、报表编号和计量单位；

（2）表体部分是资产负债表的主体，列示了用以说明企业财务状况的各个项目。

我国企业的资产负债表采用账户式结构。账户式资产负债表分左右两方，左方为资产项目，大体按资产的流动性大小排列，流动性大的排在前面，流动性小的排在后面。右方为负债及所有者权益项目，一般按要求清偿时间的先后顺序排列，在企业清算之前不需要偿还的所有者权益项目排在后面。

3. 资产负债表项目的填列方法

资产负债表的各项目均需填列"上年年末余额"和"期末余额"两栏。

资产负债表的"上年年末余额"栏内各项数字，应根据上年末资产负债表的"期末余额"栏内所列数字填列。

资产负债表的"期末余额"栏主要有以下几种填列方法：

（1）根据总账科目余额填列；

（2）根据明细账科目余额计算填列；

(3) 根据总账科目和明细科目余额分析计算填列；
(4) 根据有关科目余额减去其备抵科目余额后的净额填列；
(5) 综合运用上述填列方法分析填列。

4. 资产负债表项目的填列说明

货币资金=库存现金+银行存款+其他货币资金（期末余额）

应收票据=应收票据－坏账准备

应收账款=应收账款－坏账准备

预付款项=应付账款（借）+预付账款（借）－坏账准备（预付账款）贷方余额

其他应收款=应收利息+应收股利+其他应收款－坏账准备

存货=原材料+库存商品+委托加工物资+周转材料+材料采购+在途物资+发出商品+材料成本差异等－存货跌价准备

固定资产=固定资产科目期末余额－累计折旧－固定资产减值准备+固定资产清理（借方余额）

在建工程=在建工程－在建工程减值准备+工程物资－工程物资减值准备

无形资产=无形资产科目期末余额－累计摊销－无形资产减值准备

应付账款=应付账款（贷）+预付账款（贷）

预收款项=应收账款（贷）+预收账款（贷）

"一年内到期的非流动资产（负债）"需根据有关非流动资产和非流动负债的项目的明细科目期末余额计算填列。

长期借款=长期借款（总账科目）余额－长期借款

按明细科目中将在一年内到期且企业不能自主地将清偿义务展期的长期借款后的金额计算填列。

（二）利润表

利润表，又称损益表，是反映企业在一定会计期间的经营成果的报表。

1. 利润表的编制原理

利润表的编制原理是"收入－费用=利润"的会计平衡公式和收入与费用的配比原则。

2. 利润表的结构

利润表一般分为表头和表体两部分。

（1）表头部分应列明报表名称、编制单位名称、编制日期、报表编号和计量单位；

（2）表体部分为利润表的主体，列示了形成经营成果的各个项目和计算过程。

我国企业的利润表采用多步式结构，即通过对当期的收入、费用、支出项目按性质加以归类，按利润形成的主要环节列示一些中间性利润指标，分步计算当期净损益，以便财务报表使用者理解企业经营成果的不同来源。

3. 利润表项目的填列方法

利润表金额栏分为"本期金额"和"上期金额"两列分别填列。

第一步，计算营业利润。

营业利润＝营业收入－营业成本－税金及附加－销售费用－管理费用－
　　　　　财务费用－资产减值损失＋投资收益（－投资损失）＋公允价值变动收益
　　　（－公允价值变动损失）＋资产处置收益（－资产处置损失）

第二步，计算利润总额。

利润总额＝营业利润＋营业外收入－营业外支出

第三步，计算净利润。

净利润＝利润总额－所得税费用

4. 利润表项目的填列说明

营业收入＝主营业务收入＋其他业务收入

营业成本＝主营业务成本＋其他业务成本

税金及附加＝消费税＋城市维护建设税＋教育费附加＋资源税＋
　　　　　土地增值税＋房产税＋车船税＋城镇土地使用税＋印花税

营业利润如为亏损，以"－"号填列。

利润总额如为亏损，以"－"号填列。

净利润如为亏损，以"－"号填列。

三、典型业务示例

典型业务示例如表8-1和表8-2所示。

表8-1　资产负债表（简表）

编制单位：甲公司　　　　　　　　　　2021年12月31日　　　　　　　　　　单位：元

资产	期末余额	上年年末余额	负债和所有者权益（或股东权益）	期末余额	上年年末余额
流动资产：			流动负债：		
货币资金	2 000 000		短期借款	500 000	
交易性金融资产			应付票据	350 000	
应收票据	12 550 000		应付账款		
应收账款			预收款项		
预付款项			合同负债		
其他应收款			应付职工薪酬	800 000	
存货	12 750 000		应交税费		
合同资产			其他应付款		
一年内到期的非流动资产	3 150 000		一年内到期的非流动负债	50 000	
其他流动资产			其他流动负债		
流动资产合计	30 450 000		流动负债合计	1 700 000	
非流动资产：			非流动负债：		
固定资产	20 000 000		长期借款	1 500 000	
在建工程			递延所得税负债		
无形资产	5 000 000		其他非流动负债		
开发支出			非流动负债合计	1 500 000	

续表

资产	期末余额	上年年末余额	负债和所有者权益（或股东权益）	期末余额	上年年末余额
长期待摊费用			负债合计	3 200 000	
递延所得税资产					
其他非流动资产					
非流动资产合计	25 000 000				
			所有者权益（或股东权益）：		
			实收资本（或股本）	50 000 000	
			资本公积		
			减：库存股		
			其他综合收益		
			盈余公积		
			未分配利润	2 250 000	
			所有者权益（或股东权益）合计	52 250 000	
资产总计	55 450 000		负债和所有者权益（或股东权益）总计	55 450 000	

表 8-2　利润表

编制单位：乙公司　　　　　　　　　　2021 年 12 月　　　　　　　　　　单位：元

项目	本期金额	上期金额
一、营业收入	100 000 000	
减：营业成本	80 000 000	
税金及附加	5 000 000	
销售费用		
管理费用	6 000 000	
研发费用		
财务费用	5 000 000	
其中：利息费用	5 080 000	
利息收入	80 000	
投资收益（损失以"-"号填列）	-100 000	
其中：对联营企业和合营企业的投资收益	2 900 000	
公允价值变动收益（损失以"-"号填列）		
信用减值损失（损失以"-"号填列）		
资产减值损失（损失以"-"号填列）	-3 000 000	
资产处置收益（损失以"-"号填列）		
二、营业利润（亏损以"-"号填列）	900 000	
加：营业外收入	700 000	
减：营业外支出	300 000	
三、利润总额（亏损总额以"-"号填列）	1 300 000	
减：所得税费用	360 000	
四、净利润（净亏损以"-"号填列）	940 000	

四、实务操作

根据项目三到项目七的资料填写附件 1～附件 4。

附件 1：T 型账

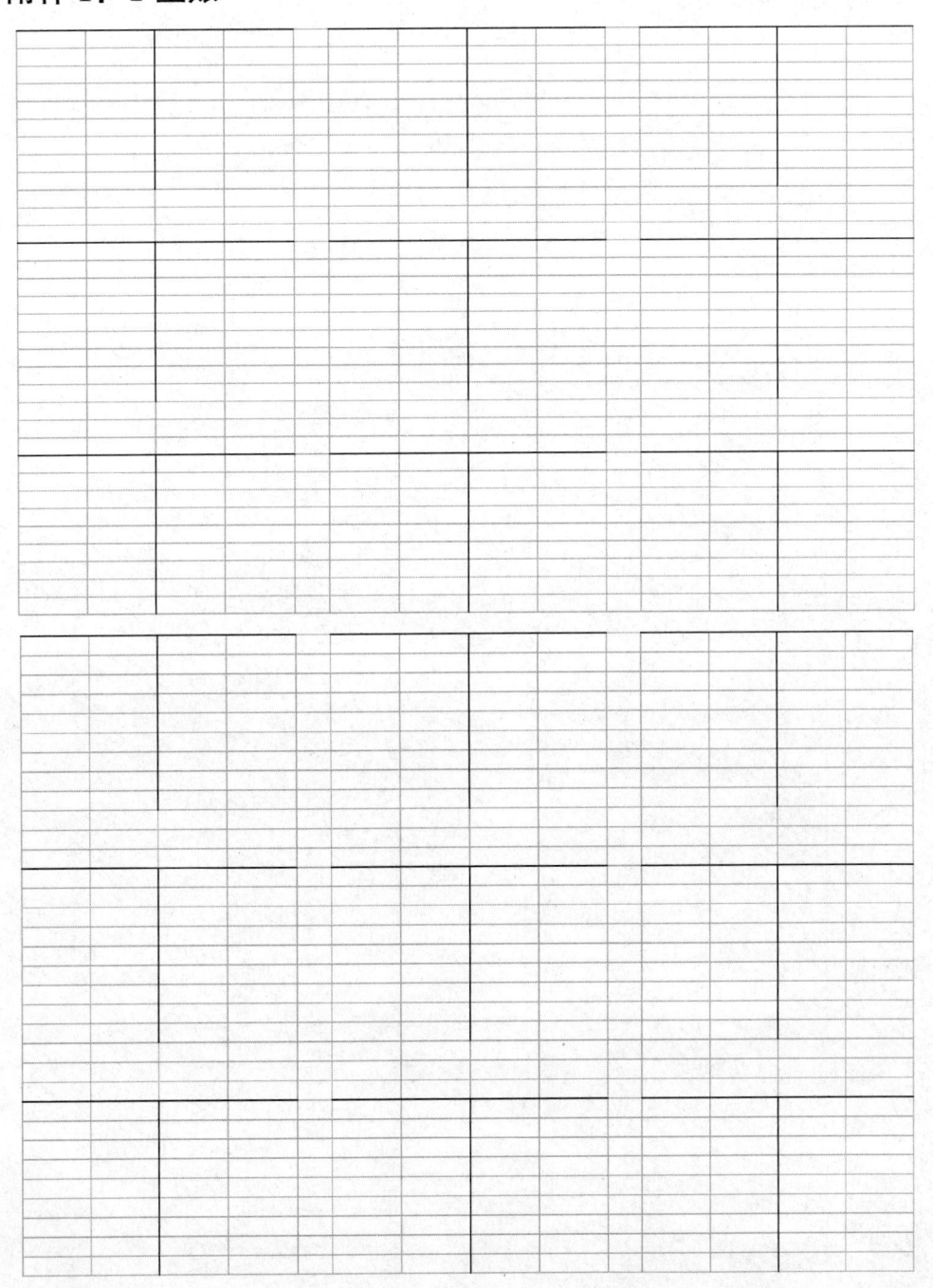

附件2：试算平衡表

试算平衡表

2020 年 12 月 31 日　　　　　　　　　　　　　　　　　　　　　　　　　单位：元

账户名称	期初余额		本期发生额		期末余额	
	借方	贷方	借方	贷方	借方	贷方

附件 3：资产负债表

资产负债表（简表）

编制单位： 　　　　　　　　年　月　日　　　　　　　　单位：元

资产	期末余额	上年年末余额	负债和所有者权益（或股东权益）	期末余额	上年年末余额
流动资产：			流动负债：		
货币资金			短期借款		
交易性金融资产			应付票据		
应收票据			应付账款		
应收账款			预收款项		
预付款项			合同负债		
其他应收款			应付职工薪酬		
存货			应交税费		
合同资产			其他应付款		
一年内到期的非流动资产			一年内到期的非流动负债		
其他流动资产			其他流动负债		
流动资产合计			流动负债合计		
非流动资产：			非流动负债：		
固定资产			长期借款		
在建工程			递延所得税负债		
无形资产			其他非流动负债		
开发支出			非流动负债合计		
长期待摊费用			负债合计		
递延所得税资产					
其他非流动资产					
非流动资产合计					
			所有者权益（或股东权益）：		
			实收资本（或股本）		
			资本公积		
			减：库存股		
			其他综合收益		
			盈余公积		
			未分配利润		
			所有者权益（或股东权益）合计		
资产总计			负债和所有者权益（或股东权益）总计		

附件 4：利润表

利润表

编制单位：　　　　　　　　　　　___年___月　　　　　　　　　　　单位：元

项　目	本期金额	上期金额
一、营业收入		
减：营业成本		
税金及附加		
销售费用		
管理费用		
研发费用		
财务费用		
其中：利息费用		
利息收入		
投资收益（损失以"－"号填列）		
其中：对联营企业和合营企业的投资收益		
公允价值变动收益（损失以"－"号填列）		
信用减值损失（损失以"－"号填列）		
资产减值损失（损失以"－"号填列）		
资产处置收益（损失以"－"号填列）		
二、营业利润（亏损以"－"号填列）		
加：营业外收入		
减：营业外支出		
三、利润总额（亏损总额以"－"号填列）		
减：所得税费用		
四、净利润（净亏损以"－"号填列）		

参 考 文 献

[1] 孙万军. 会计综合实训［M］. 4版. 北京：高等教育出版社，2019.
[2] 王丽平，徐勤，王玖霞. 会计综合实训［M］. 1版. 上海：上海交通大学出版社，2021.
[3] 黄义晏. 基础会计［M］. 1版. 江苏：江苏大学出版社，2017.
[4] 王瑾. 基础会计［M］. 1版. 江苏：江苏大学出版社，2014.
[5] 陈红，姚荣辉，康璇. 会计原理与实务［M］. 2版. 上海：立信会计出版社，2020.

参考文献

[1] 朱学义. 实用管理会计[M]. 上海: 上海三联书店出版社, 2019.
[2] 潘飞, 郭秀娟, 寇明霞. 管理会计案例[M]. 7版. 上海: 上海财经大学出版社, 2021.
[3] 吴大军. 管理会计[M]. 5版. 北京: 北京大学出版社, 2017.
[4] 王斌. 管理会计[M]. 5版. 北京: 北京大学出版社, 2019.
[5] 郭红. 田冠军, 蒋瑜洁. 会计综合实习实训[M]. 2版. 上海: 复旦大学出版社, 2022.